Der Weg zum Glück in Ehe und Familie

LÉANDRE LACHANCE

Deutsche Übersetzung: Marianne Müller

Parvis-Verlag
Route de l'Eglise 71
1648 Hauteville / Schweiz

www.parvis.ch buchhandlung@parvis.ch

Tel: 0041 (0)26 915 93 93
Fax: 0041 (0)26 915 93 99

Gedruckt in der Schweiz.

ISBN 978-2-88022-827-9

VORWORT

Wenn man euch mitteilte, jedes zweite Flugzeug stürze ab, würdet ihr sicherlich sehr zögern, mit diesem Transportmittel zu reisen. Ihr wünschtet, erfahrene Mechaniker, Ingenieure oder Techniker würden die Sicherheit des Flugzeuges erhöhen, damit ihr quer durch die Welt reisen könnt.

Wir wissen um das kranke Eheleben und dennoch suchen Mann und Frau nach der ihnen verwandten Seele und möchten in ihrem Eheleben das Glück finden. Auch wenn jede zweite Ehe mit einer Scheidung endet, wünscht man eine immer währende Ehe, in der jeder glücklich ist. Daher die Bindungsangst. Man beschließt, zusammenzuleben, um zu sehen, ob es klappen wird; Heiraten hat keine Eile. Das ist Ehe auf Probe.

Das kleine Heft in euren Händen ist keine erschöpfende Betrachtung über die Ehe, sondern die Frucht des Erlebten. Der um das Glück der Menschen, insbesondere der Kinder, besorgte Léandre Lachance machte sich die Mühe, seine Erfahrung als Ehemann, als Vater und Großvater niederzuschreiben. Wir erkennen darin auch die Lehre des Herrn und Seiner Kirche. Ja, die Ehe ist eine schöne Herausforderung und sie kann gelingen.

Um aus diesen Betrachtungen Nutzen zu ziehen, ist es wichtig, dieses Buch langsam zu lesen. Es ist voller kluger Ratschläge. Es hilft den Ehepaaren, die eine glückliche Ehe führen, weiterzugehen. Jene, deren Ehe in Schwierigkeiten ist, finden darin Lösungswege. Jenen, die entzweit sind, bringt es Hilfe zum Verbinden ihrer Wunden und einen neuen Glauben an die Liebe.

Möge Gott, die Quelle der Liebe, im Herzen eures Ehe- und Familienlebens sein. Mit Ihm werdet ihr große Strecken zurücklegen, die euch zum Glück führen werden.

Guy Giroux, Priester

MOTIVIERUNG

Mit der Veröffentlichung dieses Heftes möchte ich Gott meine Dankbarkeit bezeigen für die kostbaren Schätze, die Er mich im Ehesakrament entdecken ließ, und sie mit euch teilen. Trotz der Höhen und Tiefen meines Lebens schätze ich mich glücklich, seit über fünfzig Jahren mit meiner Ehefrau Elisabeth zu leben. Diese unerschöpflichen Reichtümer sind allen zugänglich.

Meine Ehefrau und ich sind berufen worden, Ehepaare zu begleiten. Wir wurden Zeugen des Wirkens Gottes und der Auswirkungen auf ihr Ehe- und Familienleben.

Diese Schrift richtet sich an alle Paare, die den Wunsch haben, ein größeres Glück in ihren Beziehungen zu leben, welches auch immer ihr eheliches Verhältnis sein mag:

- vor Gott getraute Ehepaare
- getrennt lebende oder geschiedene Ehepaare
- zukünftige Ehepaare
- zivil verheiratete Ehepaare
- Paare in einem eheähnlichem Verhältnis

ZIEL

In der Hoffnung, ein äußerst harmonisches, familiäres Umfeld zu begünstigen, ist es das Ziel dieses Werkes, auf verschiedene Familiensituationen hinzuweisen und zu versuchen, gewissem Leid vorzubeugen, das von Ehekonflikten herrührt. Eine beständige Liebe zwischen Eltern und Kindern ist daher eine Verheißung an Letztere:

- ➢ in der Geborgenheit zu leben, die eine geeinte Familie verschafft
- ➢ einen für ihre Entfaltung notwendigen Rahmen zu erhalten
- ➢ das durch die Trennung ihrer Eltern verursachte Leid nicht erfahren zu müssen
- ➢ durch das Beispiel guter Eltern für ihre Zukunft beeinflusst zu werden
- ➢ glückliche, verantwortungsbewusste und unterscheidungsfähige Menschen zu werden
- ➢ eine aufrechte Gesinnung zu haben, die zuinnerst freie Menschen schafft
- ➢ für das Aufbauen einer neuen, gerechteren und schöneren Gesellschaft besser ausgerüstet zu sein

ERSTES KAPITEL

DIE FAMILIE

Die Familie ist die Einrichtung, in der das Kind heranwächst und sich das Ehepaar entfaltet.

Mehr denn je ringt die Familie mit unerhörten Leiden: mit Problemen, die durch Zwietracht zwischen dem Ehepaar ausgelöst werden. Diese Situationen beeinflussen direkt die gesamte Entwicklung unserer Kinder und wirken sich gerade dadurch auf unsere ganze Gesellschaft aus.

Angesichts des Schadensausmaßes müssen wir darüber nachdenken und Gott um Hilfe bitten. Denn Er allein hat die Macht, die Situation umzukehren und uns zu helfen, unser Gleichgewicht wiederzufinden. Deshalb setzen wir unser ganzes Vertrauen auf Ihn und bleiben in Seinem Dienst.

Diese Schrift ist die Folge einer Überlegung von meiner Frau und mir:

> *Elisabeth und ich* haben eine Erfahrung, die viele Eheberater nicht haben. Wir leben seit fünfzig Jahren zusammen und sind nun trotz der durchgemachten Leiden und Schwierigkeiten miteinander sehr glücklich. Gott sei Dank!
>
> Gern würde ich an euch eine Gnade weitergeben können, die ich zu einer Zeit erhalten habe, als ich unsere Beziehung schwierig fand. Zum ersten Mal musste ich meinen Hochmut beiseite lassen und mich einem sehr weisen Menschen anvertrauen. Da er älter war als ich, hatte er eine lange Erfahrung im Eheleben. Als Diakon und treuer Zeuge der göttlichen Vorsehung erfüllte ihn ein tiefer Glaube.
>
> Nachdem ich ihm meine Not anvertraut hatte, glaubte ich, er würde mir sagen: «Ich werde mit Elisabeth zusammentreffen» oder «Ich werde ein gemeinsames Gespräch mit euch beiden führen». Nachdem er mir aufmerksam zugehört hatte, sagte er zu mir: «Liebe Elisabeth und sage ihr, dass du sie liebst.»

Da ich wirklich fühlte, dass Gott durch ihn zu mir sprach, befolgte ich seinen Rat, so gut ich konnte. Das war die Lösung; ein für Weise und Intelligente sicherlich zu einfacher Weg.

Eines Tages, während Elisabeth eine sehr heftige, aggressive Auseinandersetzung mit unserer siebzehnjährigen Tochter hatte – eine für mich missliche Situation, in der ich mehrmals vergeblich versucht hatte, das Verhalten meiner Frau zu ändern –, zog ich mich ins Wohnzimmer zurück und betete so: Herr, ist es nicht möglich, mit Dir in der Liebe zu wandeln? Dann schlug ich den Band *La puissance de la louange*[1] auf.

«*Kann nicht unser Glaube inmitten leichter und angenehmer Umstände wachsen? Doch! Aber die Reinigung und die Prüfung unseres Glaubens müssen durch Ereignisse geschehen, die für unseren Willen eine Herausforderung sind, an das Wort Gottes zu glauben, uns darauf zu verlassen, darauf zu zählen.* So wächst unser Glaube, wenn wir uns an Sein Wort halten und Ihm für alles danken, was geschieht – Gott sagt uns, dass Er uns alles zum Guten gereichen lässt, während alles schlecht zu stehen scheint.»

Sogleich sagte ich zum Herrn: *Wenn Du mir dieses Kreuz lässt, nehme ich es an und vereinige meine Leiden mit den Deinen, damit sie als Gnaden und Segen auf Elisabeth und unsere Kinder zurückkommen.* Spontan kamen mir folgende Überlegungen:

➢ Wer bist du, dass du glaubst, deine Art und Weise, die Kinder zu erziehen, sei besser als Elisabeths Art und Weise?

➢ Herr, du konntest Dich nicht täuschen, als Du Elisabeth für die Mutter meiner Kinder ausgewählt hast. Sie ist bestimmt die Mutter, wie Du sie willst, und ich hoffe, der Vater zu sein, wie Du mich willst!

Ich akzeptierte also Elisabeth als Frau und als Mutter so, wie sie war. Dieses Akzeptieren meinerseits war der Beginn großer Veränderungen und wir wurden zusammen Zeugen des Wirkens Gottes in den Herzen. Die Liebe hat die Aggressivität und die verbale Gewalt ersetzt.

---

1. [Die Macht des Lobpreisens] Merlin R. Carothers, S. 92.

In unseren Augen ist es offensichtlich, dass unsere eheliche Beziehung Vorrang haben muss; denn wenn wir das Glück unserer Kinder wollen, müssen wir geeinte Eltern sein. Um geeint zu bleiben, muss es über dem Ehepartner jemanden geben; und dieser Jemand ist Gott.

Einmal sagte ich zu Elisabeth: *Du bist der Mensch, den ich auf dieser Erde nach Gott am meisten liebe.* Sie antwortete mir in gleicher Weise. Das war in unserem Eheleben ein großer Schritt vorwärts!

URSACHEN DER EHE- UND FAMILIENPROBLEME

Ich suchte eine Zeit lang nach den Ursachen, welche die Harmonie in der Ehe oder in der Familie bedrohen. Es wäre interessant, jene zu unterstreichen, die dich betreffen, und gegebenenfalls andere hinzuzufügen. Diese kleine Übung lässt dich die verbesserungsfähigen Punkte erkennen:

- die Unterschiede, die uns trennen, anstatt uns zu ergänzen
- falsche Vorstellung von Liebe
- das Fehlen guter Freunde: sie begünstigen angemessene Entscheidungen
- Bindungsangst: sie hemmt die Liebe zueinander
- das Nichtausdrücken unserer Liebe
- fehlende Kommunikation: man schiebt Klarstellungen auf in der Meinung, alles würde sich von selbst regeln
- das Nichtannehmen unserer Grenzen, unserer Armseligkeit, unserer Wunden
- verdrängte Komplexe: Sie vergiften unsere Gespräche
- die Maßlosigkeit unserer Erwartungen: Ich erwarte vom anderen zu viel, ohne mich allzu sehr daran beteiligen zu wollen
- fehlende echte Anwesenheit in Ehe und Familie: Ich fühle mich außerhalb des Hauses wohler als innerhalb

- Geld: Es verursacht Stress, Zwietracht
- Groll, Eifersucht, Untreue: Sie stören die Beziehung
- Wetteifer: Ich bin besser als der andere; er tut nichts, ich mache alles
- Argwohn: Er bringt eine peinlich genaue Überwachung mit sich

Angesichts dieser zahlreichen Probleme kann man eine Menge mehr oder weniger wirksamer Lösungen in Betracht ziehen. Um sie zu regeln, genügt es zunächst, sich bewusst zu werden, dass es ein Problem gibt, und den tiefen Wunsch zu haben, es zu beheben. Sich im weiteren Verlauf an Gott zu wenden und zu Ihm zu beten, scheint mir eine äußerst wirksame Lösung zu sein. Sie ist noch wirksamer, wenn man dies gemeinsam tut.

In meinen Augen umfasst und übertrifft diese Lösung alle anderen. Gott ist die Liebe! Er ist die Quelle der Liebe, aus der die Heilung hervorgeht! Kein Leiden, keine Verfehlung, keine Dummheit ist schwer genug, um Seine Gnade aufzuhalten. Angesichts Seines Wirkens betrachten wir Ihn, sinnen wir über Ihn nach und danken wir Ihm für das, was Er vollbringt, und im Glauben für das, was Er weiterhin vollbringen wird.

Zur Lösung der Probleme möchte ich euch im zweiten Kapitel einige Ratschläge aus den von mir veröffentlichten Büchern[2] geben.

2. Meinen Auserwählten zur Freude, Bände 1 bis 3.

ZWEITES KAPITEL

RATSCHLÄGE AUS DEN BÄNDEN «MEINEN AUSERWÄHLTEN ZUR FREUDE»

2.1 – EHEPAARE IN SCHWIERIGKEITEN

Dieses Gebet für Ehepaare richtete ich an den Herrn:

Herr Jesus, ich bringe vor Dich die Ehepaare in Schwierigkeiten. Du weißt, sie sind zahlreich und sie werden von Beratern beeinflusst, die sie oft zur Trennung führen, weil sie meinen, das Leid sei zu schwer zu tragen und es gebe keine anderen Lösungen.

Wir wissen, dass diese Entscheidung in einen anderen Leidensweg mündet; denn häufig führt sie diese Personen in ein ehebrecherisches Verhältnis, das das Scheitern anderer Beziehungen nach sich zieht.

Ich bin ganz Ohr und bereit, Deine Lehren aufzuschreiben.

Ich danke Dir, dass du meinem Gebet Gehör schenkst und es erhörst. Ich liebe Dich.[3]

«Mein ganz Kleiner, den Widersacher erfreut es am meisten, wenn es ihm gelingt, ein Ehepaar zu trennen; und dies ist ein Weg, den er benutzt, um das zu erreichen.

Zum Wohl der Kinder vereint Gott in der Ehe Personen, die sich einander ergänzen, also voneinander verschieden sind. Oft sieht man, dass gerade der Unterschied sie gegenseitig angezogen hat. Im gemeinsamen Leben kommt eine Zeit, in der der eine – und oft beide – den anderen ändern will, damit er so denkt und handelt, wie er es wünscht. Angesichts des Scheiterns der Ehe wird er immer aggressiver, ja sogar verletzend, um seine Ziele zu erreichen. Diese Haltung bewirkt dann gegenseitige Kränkungen und schränkt die Freiheit des anderen ein. Jeder fühlt sich eingesperrt und das Leben wird unerträglich. Sie

3. Diese Botschaft wurde nicht veröffentlicht.

ersticken, ja sie werden krank. Die Berater, und manchmal auch Priester, fühlen sich berechtigt, zur Trennung zu raten.

Die Berater haben Recht mit ihrer Feststellung, dass die Situation unerträglich ist. Aber sie driften ab, wenn sie die Trennung als Lösung empfehlen, während es einen anderen Weg gibt: sein Unrecht einsehen, den anderen um Verzeihung bitten, alles verzeihen und in der Achtung vor seiner inneren Freiheit sein Anderssein vollständig akzeptieren.

Vor allem jedoch soll ich mein ganzes Vertrauen auf Gott setzen in einem vollständigen und aufrichtigen «Ja», damit Er nicht den anderen ändert, sondern mich, damit ich der Ehemann bzw. die Ehefrau werde, wie Er mich will.

Mit anderen Worten, folgende Haltung soll eingenommen werden: Alles in Gottes Hände legen, alles von Ihm und allein von Ihm erwarten, nichts vom Ehepartner, wissend, dass allein Gott die Macht hat, alles zu verwandeln. Und Er wird beginnen, den anderen zu verändern, wenn die Umwandlung bei mir gemäß Seinen Wünschen fortgeschritten ist.

Das Heilmittel ist eine Ehe zu "dritt", in der Gott in die Mitte und über die beiden gestellt wird, sobald die Situation schwierig wird oder der andere nicht zu verstehen scheint, was man ihm übermitteln möchte. Ausüben von Zwang ist keine Lösung: Man muss sich an Gott wenden, damit Er das Herz des anderen bewegen kann.

Ihr tretet in eine neue Zivilisation ein, in die Zivilisation der Liebe. Ihr müsst also lernen, euer ganzes Vertrauen in die Liebe Gottes zu setzen, und die Lösungen vergessen, die die schlechten Früchte einer Zivilisation sind, die sich ohne Gott errichten wollte, indem sie voll auf die Macht des Menschen vertraut und ihn folglich zur Selbstzerstörung führt.

Vergesst, was euch gelehrt wurde, damit ihr Gottes Allmacht und Liebe entdeckt; denn ihr seid von jeher geliebt. Gern sage ich jedem Menschen, der unter seiner ehelichen Beziehung leidet: Wirf dich in

Meine Arme; du wirst Frieden, Freude und Glück finden; denn Ich liebe dich wahnsinnig, zärtlich, göttlich.»

«Mein ganz Kleiner, führen wir gemeinsam den Ratschlag zum Eheleben fort. Wenn einer der beiden Eheleute bereit ist, zur Verbesserung der Situation sein Vertrauen in Gottes Liebe zu setzen, müssen nicht beide dasselbe Vertrauen haben. Aber einer von beiden muss sein ganzes Vertrauen darein setzen. Auch ist es nicht unbedingt notwendig, wiewohl besser, dass beide bereit sind, sich von Gott verwandeln zu lassen. Doch einer von beiden muss sein "Ja" geben, sich von Gott verwandeln zu lassen. Die Verwandlung vollzieht sich, sobald eine Person ihr Herz wirklich Gott öffnet!

- ➢ Die Gnaden des Ehesakramentes werden augenfällig.
- ➢ Die Leiden des Ehepaares vereinen sich mit den Meinen und verwandeln sich für das Ehepaar in Gnaden und Segen.
- ➢ Hochmut wird zu Demut.
- ➢ Das Erkennen der eigenen Fehler siegt über den Wunsch, Recht zu haben.
- ➢ Das Bitten um Verzeihung ersetzt die Beschuldigungen gegen den anderen.
- ➢ Das Empfangen der großen Barmherzigkeit des Vaters und Seiner Liebe ersetzt das Schuldgefühl.
- ➢ Das Annehmen des anderen in seinem Anderssein hat Vorrang vor dem Wunsch, ihn zu ändern.
- ➢ Das Bekunden seiner Wertschätzung ersetzt die Vorwürfe.
- ➢ Die Entfaltung und das wachsende Glück des Menschen ersetzen die Angst.

Bei einer Schwierigkeit in der Ehe, sein ganzes Vertrauen in die Liebe Gottes zu setzen, bedeutet, sich zu begeben auf den Weg des Glücks, den Weg des Himmels.

Das Problem, mit seinen eigenen Mitteln oder mit den von der Welt gepriesenen Mitteln zu lösen versuchen, bedeutet, auf dem Weg des Leidens weiterzugehen, und oft, den Weg in die Hölle einzuschlagen.

In schwierigen Situationen im "Ja" zu Gott verharren und sein ganzes Vertrauen auf Ihn setzen bedeutet, bereit zu sein, in der Liebe über sich selbst hinauszuwachsen. Das trägt dazu bei, Menschen der Liebe zu werden und eine neue Zivilisation, die Zivilisation der Liebe, zu errichten.

Glücklich sind jene, die diesen Weg einschlagen, denn sie werden schneller von Glück erfüllt sein. Meine Liebe in die Herzen einzugießen ist die Gnade, die Ich bewirke, sobald sich das Herz öffnet, um sie aufzunehmen.

Mein Herz glüht so sehr vor Liebe, dass es in einem einzigen Augenblick alle auf dieser Erde leidenden Herzen zu verwandeln vermag.

Göttlich liebe Ich euch. Göttlich liebe Ich dich.»

Unser Glaube stützt sich auf folgendes Prinzip: ***Der Mensch darf nicht trennen, was Gott vereint hat!*** Kein Christ, noch weniger ein Priester, darf zur Scheidung eines kirchlich getrauten Ehepaares raten, außer in Extremfällen. Die Ehe ist heilig.

2.2 – IN TRENNUNG LEBENDE ODER GESCHIEDENE EHEPAARE

Herr Jesus, ich bringe vor Dich die Bitte von R., um zu erfahren, was Du von ihm und von C. wünschst. Bei dieser Gelegenheit bringe ich vor Dich alle getrennten Ehepaare, die Du durch das Ehesakrament vereint hast. Ich danke Dir, dass du seiner und meiner Bitte Gehör schenkst und sie erhörst. Ich liebe Dich.[4]

«Mein ganz Kleiner, mit Freude antworte Ich auf diese Bitte und zugleich möchte Ich allen Personen, die sich in ähnlichen Situationen befinden, einen Ratschlag geben.

Der Bruch einer Ehe führt zu tiefen Schmerzen und Wunden. Es ist unmöglich, an Neuaufbau zu denken, wenn die Vergangenheit im Geist gegenwärtig bleibt.

Zuerst muss also die Vergangenheit ausgelöscht oder gereinigt werden. Dafür gibt es nur ein einziges Mittel: die vollständige Verzeihung, sowohl gegenüber sich selbst als auch gegenüber dem anderen. Eine vollständige Verzeihung geschieht im Geist, wird in das Sakrament der Versöhnung gebracht, ist im Herzen gegenwärtig und wird mit klaren, eindeutigen und bedingungslosen Worten ausgedrückt.

Erst dann kann man versichern, dass die Verzeihung vollständig ist, und beginnen, an Neuaufbau auf ganz und gar anderen Fundamenten zu denken. Die wesentlichen Fundamente sind die folgenden:

- Gott vereint im Sakrament der Ehe und dieser Bund besteht für immer, außer in gewissen Fällen, in denen die Kirche Handlungsvollmacht hat.
- Die Eheleute müssen anerkennen, dass in Zukunft Gott den ersten Platz in ihrem Leben haben wird, nicht der Ehepartner.
- Sie sollen bedenken, dass nur Gott das Ehepaar in Frieden, Freude und Liebe einigen kann.

4. Vgl. Band 3, Botschaft 69.

- Jeder Ehepartner muss sich so nehmen, wie er ist, und seine Schwächen, Fehler und Dummheiten Gott übergeben, damit Er sie in Gnaden und Segen verwandelt, nachdem jener Gott sein vollständiges "Ja" gegeben hat.

- Jeder Ehepartner muss den anderen so nehmen, wie er ist, ohne ihn ändern zu wollen.

- Jeder Ehepartner muss davon überzeugt sein, dass er keine Macht über das Verhalten des anderen hat. Handelt einer der beiden Ehepartner schließlich nach Gottes Willen und erlaubt Gott, durch ihn zu wirken, genügt diese Haltung für die Rettung der Ehe – auch wenn das Verhalten des anderen manchmal tadelnswert ist.

Mit anderen Worten: Alles von Gott erwarten, alles von Ihm erbitten, bereit sein, die Antwort anzunehmen, und Ihm für alles danken.

Jetzt möchte Ich mich direkt an C. und R. wenden und ihnen Folgendes sagen:

> «Ihr kleinen geliebten Kinder Meines Herzens, euch habe Ich für eine schöne und große Aufgabe ausgewählt, euch habe Ich durch das Ehesakrament vereint, ihr, die ihr viel gelitten habt, werft euch in Meine Arme. Übergebt Mir eure Last, ihr werdet Mein Joch leicht finden.
>
> Beim Eingehen eurer Ehe habt ihr Mich um Hilfe gebeten. Heute bitte ich euch, bindet euch vollständig an Mich. Deshalb bitte Ich euch, das gemeinsame Leben wieder aufzunehmen und darauf zu vertrauen, dass Ich zwischen euch einen Liebesbund errichten werde.
>
> Ihr könnt nicht vom gestrigen Verhalten des anderen auf sein heutiges Verhalten schließen. Denn zwischen "gestern" und "heute" habe Ich sein Herz besucht und er ist nicht mehr derselbe. Ihr könnt auch nicht das Verhalten von morgen aus seinem Verhalten von heute erkennen. Denn dazwischen werde Ich ihn besuchen.
>
> Wenn ihr Mir euer ganzes Vertrauen schenkt, verspreche Ich euch eine glückliche Zukunft, in der ihr in Frieden, Freude und Liebe leben könnt. Mehr als das, Ich sage euch, dass Ich euch beide und

eure gute Ehe brauche, um sehr vielen Ehepaaren zu helfen, die unter ihrer Trennung bzw. Scheidung leiden.

Mein Herz glüht vor Liebe zu euch beiden. Wärmt euch am Feuer Meiner Liebesglut. Ihr werdet davon verwandelt und glücklich werden.

Von jeher habe Ich euch erwählt und liebe euch. Ich liebe euch göttlich.

R., göttlich liebe Ich dich. C., göttlich liebe Ich dich.»

2.3 – BEDEUTUNG DES LEBENS IN GOTT

Herr Jesus, ich bringe vor Dich die schwierige Situation von B. und R. sowie alle Ehepaare, die in ähnlichen Situationen leben.

Komm ihnen zu Hilfe; ergieße Deinen Geist über sie; zeige die Macht ihres Ehesakramentes; heile ihre Wunden; öffne ihre Augen, damit sie die Macht Deiner Liebe entdecken.

Ich danke Dir, dass Du meinem Gebet Gehör schenkst und es erhörst. Ich bin ganz Ohr, ich liebe Dich.[5]

«Mein ganz Kleiner, Leben ohne Mich ist unsinnig. Ich bin das Zentrum der Liebe. Ich bin die Liebe. Mich hat der Vater beauftragt, Seine Liebe auf Erden zu verbreiten. In dieser Endzeit sollen alle diese Wahrheit und Wirklichkeit entdecken.

Viele Menschen glauben, sie können das Glück durch sich selbst finden oder durch den Gebrauch von anderen Mitteln als jenen, die Ich Meinen Aposteln anvertraut und durch Meine Kirche weitergegeben habe. Sie täuschen sich, sie geben eine sichere Sache für eine unsichere auf. Sie schlagen den Weg des Leidens und der Finsternis ein. Da sie nicht auf dem Weg des Lichtes sind, lässt sie die Finsternis ihre Verirrungen nicht sehen. Sie neigen dazu, immer tiefer hineinzugeraten, und hoffen, ihr Glück aus sich selbst heraus begründen zu können.

---

5. Vgl. Band 2, Botschaft 91.

Das Leiden lässt sie erkennen, dass sie nicht auf dem richtigen Weg sind. Einige Personen werfen sich, sobald sie zu leiden beginnen, in Meine Arme und entdecken dort, dass Ich der Weg, die Wahrheit und das Leben bin. Andere, vom Zeitgeist beeinflusst, halten unbeirrt am falschen Weg fest und sind erst nach zahlreichen Leiden bereit, zu Mir zu kommen.

Der Person und ihr allein kommt es als freies Wesen zu, über ihre Orientierung zu entscheiden. Dennoch möchte Ich durch dich B. und R. Folgendes sagen:

«Ihr kleinen Kinder Meines Herzens,

- euch habe Ich vor eurer Empfängnis für Meine Liebe auserwählt
- euch habe Ich durch das Ehesakrament vereint, damit ihr diese Liebe empfangt und weitergebt
- euch habe Ich auf vielfache Weise glücklich gemacht
- euch laufe Ich dauernd hinterher, um diese Liebe an euch weiterzugeben
- ihr leidet derzeit, weil ihr euch von Mir distanziert habt

versucht nicht, mit euren eigenen Mitteln oder mit den Mitteln der Welt euer Glück zu begründen: Es wird euch nicht gelingen.

Werft euch sofort in Meine Arme.

Erkennt eure Ohnmacht und eure Grenzen.

Erkennt, dass Ich, Jesus, euer Erlöser bin und es keinen anderen gibt.

Erkennt, dass Ich euch mit einer viel größeren Liebe liebe als ihr zurzeit aufnehmen könnt.

B., nimm diese Situation an, ohne sie zu verstehen. Schenke Mir alles und du wirst Zeuge Meines Wirkens in dir, um dich und durch dich sein.

R., ohne dass du es weißt, suchst du Mich, deinen Gott. Ich bin in dir, in deinem Innersten. Die Liebe, die du ersehnst, kann nur von Mir kommen, und die Person, die Ich erwählt habe, sie an dich weiterzugeben, ist B. Suche sie nicht woanders.

Wenn ihr beiden wüsstet, wie sehr Ich euch liebe, würdet ihr euch in Meine Arme werfen und euer Leben würde sich ändern. Zusätzlich zu eurem neuen Glück wäret ihr Zeugen Meiner Liebe.

Empfangt Meinen zärtlichen, barmherzigen und liebevollen Kuss. Dich, B., liebe Ich so, wie du bist. Dich, R., liebe Ich so, wie du bist. Euch beide liebe Ich.»

2.4 – GOTT SEINEN EHEPARTNER UND SEINE KINDER SCHENKEN

Herr Jesus, ich bringe vor Dich die Sorgen von M. C. um die Erziehung ihrer Kinder und um den Vater, der den Glauben nicht mit ihr teilt. Ich bitte Dich, sie zu erleuchten und diese Wohnung mit Deiner Liebe und Deinem Licht zu überhäufen. Ich danke Dir, dass du meinem Gebet Gehör schenkst und es erhörst. Ich liebe Dich.[6]

«Mein ganz Kleiner, Ich nehme deine Bitte an und mache sie beim Vater zu Meiner. Ich bin in dieser Wohnung schon sehr gegenwärtig. Durch dich werde Ich einen noch größeren Platz im Haus einnehmen können, vor allem aber im Herzen von M. C., die Ich für eine schöne und große Aufgabe erwählt habe.

Je mehr Ich in ihr gegenwärtig sein werde, desto mehr werde Ich sie in ihren Gedanken, Worten und Werken lenken, und Ich werde die Situation verbessern. Folgendes möchte Ich ihr sagen:

> M. C., du kleine Perle Meines Herzens, du siehst, dass du allein nicht zur idealen Situation gelangen wirst. Erkenne deine Kleinheit, deine Ohnmacht und deine Grenzen. Übergib Mir vollständig diese Situation.
>
> Schenke Mir deinen Mann und deine Kinder und du wirst Zeuge Meines Wirkens sein. Was die Zukunft deiner Kinder anbelangt, so sollst du dein Vertrauen nicht auf deine religiösen Überzeugungen setzen, sondern auf Mich, deinen Gott. Verlasse dich auf

6. Vgl. Band 3, Botschaft 92.

Mein Herz, richte deine Fragen an Mich, bevor du eine Entscheidung triffst. Wenn du glaubst, einen Fehler gemacht zu haben, übergib ihn der Barmherzigkeit des Vaters und er wird für dich und deine Familie in Gnaden und Segen verwandelt werden. Übergib Mir deine Last; Mein Joch wirst du leicht finden. Mein Herz glüht vor Liebe zu dir und den deinen.

Ich liebe dich so sehr, zärtlich, göttlich.»

2.5 – UNEINIGE FAMILIEN

Eine liebe Frau, die viel betet und anbetet, schrieb mir von ihrer Situation. Da sie Witwe ist, lebt sie allein. Ihr einziger Sohn ist homosexuell und hat mit ihr genauso wenig Kontakt wie ihr älterer Bruder, der in einem eheähnlichen Verhältnis lebt. Ihre jüngere Schwester, die auch in einem eheähnlichen Verhältnis lebt und zu der sie schon immer eine enge Beziehung unterhielt, hat ihr soeben einen fünfseitigen Brief mit dummem Zeug geschrieben. Am Ende des Briefes schreibt sie: «Ich hoffe, du hast verstanden, dass ich nichts mehr von dir wissen will.»[7]

Meine Antwort: […] Ich bestätige den Empfang deines Briefes vom 24. Februar. Deine angenehmen Worte über die Aufgabe, die Er mir anvertraut, bringe ich vor den Herrn. Ich danke Ihm für dich und dein Versprechen, im göttlichen Willen zu leben.

Mit dir verbunden vereine ich deine Leiden mit den Leiden Christi und bringe sie vor den Vater, damit sie einen Erlösungswert für all jene haben, die du in deinem Herzen trägst.

Ich kenne viele Leute, die sich nach einem Fortschreiten im Glauben in einer ähnlichen familiären Situation befinden. Diese Situationen machen mich sehr traurig. Ich bringe sie vor Gott und bete für jede einzelne.

Ich spüre das Bedürfnis, Jesus zu bitten, uns einen Ratschlag zu diesen schweren Prüfungen der Uneinigkeit zu geben.

Ich danke Dir, Herr Jesus, dass Du diesem Gebet Gehör schenkst und es erhörst.

---

7. Vgl. Band 3, Botschaft 104 – Brief an eine Brieffreundin.

«Mein ganz Kleiner, es ist immer eine sehr große Freude, auf deine Bitten zu antworten. Der Ratschlag, den Ich dir gebe, richtet sich an alle und nicht an eine Einzelperson. Ja, das Engagement für Gott oder die Bekehrung eines Familienmitgliedes ruft manchmal Unstimmigkeiten innerhalb der Familie hervor und ist Gegenstand großer Leiden.

Einige Leiden sind notwendig, um die Echtheit des Engagements zu bestätigen. Andere sind notwendig für die Bekehrung einiger weiterer Familienmitglieder. Dennoch könnten viele dieser Leiden vermieden werden:

➢ wenn die bekehrte Person einen größeren Glauben hätte und ihr ganzes Vertrauen auf Mich setzte und nicht auf ihre Fähigkeiten zu evangelisieren

➢ wenn sie die völlige Freiheit der Person so achtete, wie Ich sie achte

➢ wenn sie, sollte sie feststellen, dass sie dem anderen ihren Glauben auferlegen wollte, bereit wäre, ihn um Verzeihung zu bitten, seine Freiheit behindert zu haben

➢ wenn sie fähig wäre, die Sünde zwar abzulehnen, aber die sündige Person tief zu lieben

Du kleine L. Meines Herzens, fürchte dich nicht. Ich bin mit dir. Die Deinen sind die Meinen.

Ich liebe sie über alles und göttlich. Ich liebe dich über alles und göttlich.»

(Im folgenden Jahr ruft sie mich an und teilt mir ganz glücklich mit, sie habe sich soeben mit ihrer Schwester ausgesöhnt.)

Sie sagt zu mir: *«Es dauerte ein Jahr, bis ich ihr einen Brief senden konnte. Ich schrieb sehr viele Briefe, die ich alle zerrissen und weggeworfen habe; denn es gab immer etwas Moralisierendes. Beim Durchlesen sagte ich mir, dass ich noch nicht die richtigen Worte gefunden habe, und ich warf meinen Brief weg. In dem Brief, den ich ihr an meinem Geburtstag gesandt habe, stand Folgendes:*

Heute bin ich 65 Jahre alt … wie schnell doch die Zeit vergeht!

Ich bedaure nur, dass ich nicht die Schwester gewesen bin, wie du sie gewollt hättest.

Mein Leben organisierte ich so, wie ich glaubte, dass es sein sollte. Ich vergaß, dass du die gleiche Freiheit wie ich hast. Für jedes Mal, wenn ich deine Freiheit behindert habe, bitte ich dich um Verzeihung. Deine dich liebende kleine Schwester.

Gleich nachdem mein Brief angekommen war, klingelte das Telefon und wir haben uns ausgesöhnt.»

2.6 – LÖSUNG ZUM DROGENPROBLEM

Herr Jesus, ich bringe vor Dich die Bitte jener Oma, die Folgendes schreibt: «Bitte sprechen Sie uns von der Geißel der Droge bei unseren Enkelkindern. Sagen Sie uns, wie wir ihnen helfen, sie begleiten können ... wenn diese Situation seit mehr als zehn Jahren dauert. Ein offenes Ohr zu haben, scheint nicht zu genügen. So viele beten ... ohne scheinbare Änderung. Ihre Bücher sind der lebendige Beweis für die Liebe des Vaters zu Seinen Kindern.»

Herr, vor Dich bringe ich auch alle Eltern und Großeltern, die darunter leiden, und in besonderer Weise jene, die diese Zeilen lesen, sowie ihre Kinder, die mit der Droge ringen.

Ich danke Dir, dass Du meinem armseligen Gebet Gehör schenkst und es erhörst. Ich bin ganz Ohr. Ich liebe Dich.[8]

«Mein ganz Kleiner, die vom Drogenkonsum verursachten Leiden sind heute unermesslich und vielfältig. Kein Mensch, keine Gruppe von Menschen, die zurzeit auf dieser Erde leben, kann ohne göttliches Eingreifen dieser Geißel Einhalt gebieten.

Damit es ein göttliches Eingreifen gibt, muss Gott volle Handlungsfreiheit haben. Und das hat Er nur, wenn Ihm die Personen und Situationen vollkommen übergeben werden.

---

8. Vgl. Band 3, Botschaft 90 – Antwort an eine angsterfüllte Oma.

Die erste Frage, die sich Eltern und Großeltern stellen sollen, ist folgende: Habe ich dem Herrn dieses Kind vollständig geschenkt und übergeben? Habe ich dem Herrn diese Situation vollständig übergeben oder trage ich sie weiterhin?

Die zweite Frage ist diese: Habe ich dem Herrn alle meine "Ja" gegeben? Hat Er Handlungsfreiheit in mir, um mich und durch mich?

Für seine Kinder und Enkelkinder zu beten ist notwendig und heilbringend ... aber sich von Ihm verwandeln zu lassen, damit Seine Liebe durch uns hindurchgeht, ist viel besser.

Der Schlüssel zur Lösung aller eurer Probleme ist die Liebe und die Verwandlung durch die Liebe. Dieser Prozess beginnt bei dir, um dann die anderen zu erreichen. Göttlich liebe Ich euch.»

2.7 – VERWANDLUNG DES MENSCHEN DURCH DIE LIEBE

Herr, ich bringe vor Dich die Bitte von M. Auch will ich Dir danken und Dich loben für die große Freude, die mir dieser Brief bereitet hat. Ich entdeckte darin die Liebe, die Du diesem Ehepaar erwiesen hast, indem Du es im Glauben so schön fortschreiten ließest. Ich lobe Dich auch für seine Hochherzigkeit, Deiner Bitte nachzukommen und in der Keuschheit zu leben; und dies seit drei Jahren.

Du kannst diese Personen nur segnen und beglücken, selbst wenn die gegenwärtige Situation schwierig zu sein scheint.

Ich bin ganz Ohr und danke Dir für die Liebe, den Frieden und die Freude, die Du ihnen gern schenken möchtest durch das arme Werkzeug, das ich bin. Ich liebe Dich.[9]

«Mein ganz Kleiner, Ich habe die Bitte eines jeden gut verstanden und bringe sie vor den Vater, damit sie erhört wird. Folgendes möchte Ich M. sagen: Du kleiner M., dich habe Ich von jeher erwählt für eine

9. Vgl. Band 3, Botschaft 86 – Ratschläge für ein Ehepaar.

schöne und große Aufgabe. Für dich glühe Ich vor Liebe. Du brauchst dich vor nichts zu fürchten. Ich bin immer mit dir.

Durch die Schwierigkeiten, die du zurzeit durchmachst, soll deine Seele schöner werden. Du brauchst Mir nur alle diese Situationen zu übergeben und wirst Zeuge Meines Handelns sein. Deiner Ehefrau sage Ich Folgendes:

Du kleine N. Meines Herzens, komme noch näher zu Mir. Ich möchte dich mit Meiner Liebe erfüllen. Miteinander sind wir ein gutes Stück Weges gegangen, aber das schönste Stück kommt noch. Da eure Vergangenheit der großen Barmherzigkeit des Vaters gegeben wurde, soll sie aus euren Gedanken ausgelöscht werden.

Ich bitte euch, diesen Augenblick intensiv zu leben und die Liebe, die Ich in euch eingieße, noch heute aufzunehmen. Euer Glück liegt nicht in dem, was ihr gewesen seid. Es liegt in dem, was ihr zurzeit seid, und morgen wird es in dem liegen, was ihr sein werdet. Ihr werdet das sein, was ihr der Liebe erlaubt, aus euch zu machen.

Euer Glück hängt keineswegs, wie ihr glaubt, von der Haltung der anderen ab. Ihr werdet glücklich sein, wenn ihr Meine Liebe in euch und später um euch und durch euch wirken lasst. Denn Ich liebe euch göttlich, zärtlich, unvorstellbar.»

2.8 – ÜBER DEN KOMMUNIONEMPFANG VON PERSONEN, DIE IN EINEM EHEÄHNLICHEN VERHÄLTNIS LEBEN

«Die Frage des Kommunionempfangs von Personen, die in einem eheähnlichen Verhältnis leben, stiftet viel Verwirrung in Meiner Kirche und bei vielen Meiner Priester.»

Herr Jesus, heute Morgen legst Du in mein Herz die Frage von Pater D. zum Kommunionempfang von zivil wiederverheirateten Personen. Ich fühle, dass es sich um eine heikle Frage handelt. Wenn Du durch mich auf diese Frage antworten möchtest, sage ich Dir ein «vollständiges Ja». Ich bin Dein ganz kleiner Diener. Ich liebe Dich.[10]

«Mein ganz Kleiner, Ich habe dir gesagt und sage dir noch einmal, dass die Liebe des Vater zu Seinen Erdenkindern grenzenlos ist. Ich habe dir auch gesagt, dass Er jedem einzelnen eine sehr große Wahlfreiheit gegeben hat. Denen, die durch die Taufe in das Volk Gottes aufgenommen wurden und stets Seinen Willen zu tun wünschen, lässt Er Meinen Leib und Mein Blut zu einer geistigen Nahrung werden.

Damit jeder für den Empfang dieser Seelennahrung ein reines Herz haben kann, durfte Ich das Sakrament der Versöhnung einsetzen, das alle Vergehen bei dem auslöschen wird, der sie bereut und den festen Vorsatz hat, sie nicht mehr zu tun.

Die Frage des Kommunionempfangs von Personen, die in einem eheähnlichen Verhältnis leben, stiftet viel Verwirrung in Meiner Kirche und bei vielen Meiner Priester.

Sie stiftet so viel Verwirrung, weil sie nicht die richtige Frage stellen. Denn es geht nicht darum, ob die zivil wiederverheiratete Person kommunizieren darf, sondern ob die Person beschlossen hat, den Willen des Vaters oder ihren Willen zu tun. Wünscht sie, das Gute zu tun, oder will sie nach ihrem eigenen Vergnügen handeln? Ist sie bereit, ihr Leben in Gottes Hände zu legen, oder will sie es selbst organisieren, so wie sie es sich vorstellt? Die richtige Frage, die der Seelsorger stellen muss, ist, ob sie "ja" zu Gott oder zu sich selbst sagt.

Sagt sie "ja" zu Gott, wird ihr der Priester Ratschläge geben oder sollte es zumindest tun, damit sie dem Willen Gottes treu bleibt.

In vielen Fällen besteht das Problem darin, dass die Person beschlossen hat, nach ihrem eigenen Willen zu handeln, entweder weil viele andere auch so handeln oder in Unkenntnis des Gesetzes Gottes, oft aus beiden Gründen zugleich. Sie fragt dann den Priester: Darf ich

10. Vgl. Band 1, Botschaft 109.

kommunizieren, wenn ich weiterhin nach meinem Willen handeln und meine Leidenschaften befriedigen will? In diesem Fall ist die Antwort "nein".

Hingegen ist die Antwort "ja", wenn die Person ihren Fehler erkennt, dafür um Verzeihung bittet, bereit ist, die notwendigen Mittel zu ergreifen, um nach Gottes Plan zu leben, und versichert, dass sie sich für Gott entschieden hat, der ihrer Schwachheit zu Hilfe kommt. Sie erforscht eingehend die Ereignisse, um in Harmonie mit Gott zu leben. Diese Haltung erfordert viel Glauben, um diesen Sprung zu machen, nachdem seit langem vom richtigen Weg abgewichen wurde; viel Glauben auch für den Seelsorger.

Betet also, damit der Glaube wiederkehrt und alles wieder in Ordnung kommt. Urteilt nie, denn ihr wisst nicht, was im Herzen der Person vor sich geht; vielleicht hat sie soeben ihren Fehler erkannt und beschlossen, nach Gottes Plan zu leben, auch wenn die äußeren Anzeichen dagegen sprechen. Wie dem auch sei, diese Person braucht euer Urteil nicht, aber eure Gebete und eure Liebe braucht sie sehr, damit auch sie zur Liebe wird. Ich liebe dich zärtlich.»

DRITTES KAPITEL

UMSETZUNG IN DIE PRAXIS

3.1 – UNTERSCHIED UND WECHSELSEITIGE ERGÄNZUNG

Die Vielfalt ist die große Schönheit und der große Reichtum von Gottes Schöpfung. Wir alle staunen über die Vielfalt, die ein Rosengarten unseren Augen bietet. Dasselbe gilt für das Menschengeschlecht. Die Besonderheit, anders zu sein, zieht uns gegenseitig an … und zugleich wird sie zur Ursache vieler Streitigkeiten und Unstimmigkeiten.

Warum kann das, was uns vereint hat, zur Ursache unserer Unstimmigkeiten werden? Unsere unterschiedliche Art zu denken, zu analysieren, zu sprechen und uns zu verhalten kann uns mit der Zeit reizen oder auf die Nerven gehen. Anstatt bereit zu sein, uns wieder in Frage zu stellen, und Nutzen aus der wechselseitigen Ergänzung zu ziehen, wollen wir dann den anderen ändern … Da uns das nicht gelingt, werden wir frustriert, von Angst erfüllt, manchmal zornig, ja sogar gewalttätig oder verletzend in unseren Worten, unserem Verhalten und unserem Tun.

Um das Anderssein der uns nahe stehenden Personen anzunehmen, hilft es uns sehr, zu akzeptieren, dass in den Augen Gottes jeder kostbar ist. Sein Temperament, sein Charakter, seine Bildung, sein Besitz, seine Leistungen und seine Verantwortung sind nicht so wichtig. Das Anderssein macht uns zu Menschen, die einander ergänzen, um so unsere Aufgabe in Kirche und Gesellschaft zu erfüllen.

Ebenso notwendig ist die wechselseitige Ergänzung im Eheleben für einen funktionsfähigen Haushalt, vor allem aber für das Wohl der Kinder und die Entfaltung eines jeden.

In der Vielfalt nach der Einheit streben ist eines der begeisterndsten und wertvollsten Ziele.

3.2 – SICH ANNEHMEN

Das Sich-Annehmen begünstigt das Annehmen des anderen. Wenn ich mir bewusst werde, dass ich aus Liebe geschaffen wurde und Gott mich liebt, wie ich bin, nehme ich allmählich mich und den anderen an.

3.3 – VERTRAUEN BEI JEDER PRÜFUNG

In der Ehe bildet das Vertrauen, das wir zueinander entwickeln, die Ausgangsbasis für das Glück. Das Treueversprechen, das wir im Augenblick der Eheschließung geben, schafft eine Atmosphäre des Vertrauens. Es ist wichtig, sein Vertrauen in den anderen zu setzen und für den anderen vertrauenswürdig zu bleiben. Ist nicht das Vertrauen das Mittel gegen Angst, Eifersucht und Groll?

3.4 – WACHSTUMSKRISEN

Im Lauf unseres Lebens machen wir Wachstumsphasen durch. Dieses Wachstum vollzieht sich durch unser Bemühen, unsere Denk-, Seins- und Handlungsweise zu verändern, was nicht schmerzlos ist. Uns wieder in Frage zu stellen, bringt viele Früchte.

Die Schwierigkeiten im Eheleben sind Gelegenheiten außerordentlichen Wachstums. Nach einer Schwierigkeit meinen wir, unsere Beziehung werde nicht mehr dieselbe sein. Das ist zwar richtig, aber sie kann viel besser werden.

Zu oft glauben wir, es kommt zum Bruch, während es sich um eine Wachstumskrise und eine Stärkung unserer Liebe handelt.

3.5 – VERGEBUNG

Um nach einer Krise die Beziehung neu aufzubauen, muss man neu anfangen und die negative Vergangenheit hinter sich lassen. Daher ist es wichtig, sich selbst wie auch dem anderen vollständig zu verzeihen. Die Erneuerung der Beziehung erfordert die Bereitschaft, sich gegenseitig vor dem Herrn zu verzeihen, der mit der Macht Seiner Gnade wirken wird.

➢ ***Die Vergebung ist nicht menschlich, sondern göttlich!***

Ich führe das Gebet an, das Wunder vollbringt, wenn es vom Sakrament der Versöhnung begleitet ist:

> «In Deinem Namen, Herr Jesus, und durch die Macht Deines Heiligen Geistes verzeihe ich [...] alles Böse, das er (oder sie) bewusst oder unbewusst mir zugefügt hat.
>
> ***Die Befreiung:*** In Deinem Namen, Herr Jesus, und durch die Macht Deines Heiligen Geistes befreie ich ihn (sie) bedingungslos und für immer von aller Schuld mir gegenüber.
>
> ***Das Segnen des anderen:*** Ich bitte Dich, Herr Jesus, ihn (sie) mit Deiner Liebe und Deinem Segen zu erfüllen.
>
> ***Das Sich-Vergeben:*** In Deinem Namen, Herr Jesus, und durch die Macht Deines Heiligen Geistes verzeihe ich mir selbst alle meine Sünden, die Du mir bereits vergeben hast, und nehme mich an, wie ich bin, mit allen meinen Schwächen, Grenzen, Fehlern und Fähigkeiten, und liebe mich, wie ich bin, da ja Du, Herr, mich immer zuerst geliebt hast und mich immer so liebst.
>
> ***Die Selbstbefreiung:*** In Deinem Namen, Herr Jesus, und durch die Macht Deines Heiligen Geistes befreie ich mich von aller Angst, Furcht, Beklemmung und innerer Unruhe. Ich befreie mich von allem Hass, Hochmut, Groll, von jedem Rachegefühl und von aller Aggressivität. Ich befreie mich von jedem Gefühl der Schuld, der Unsicherheit, der Minderwertigkeit usw.
>
> ***Das Segnen:*** Ich bitte Dich, Herr Jesus, mich zu segnen und mit Deiner Liebe zu erfüllen.»

3.6 – VORSTELLUNG VON LIEBE

Oft haben wir eine falsche Vorstellung von Liebe. Wir wollen bekommen und haben, zögern aber zu geben. Wenn beide Ehepartner dieselbe Haltung entwickeln, bekommt keiner und gibt keiner. Dieser totale Egoismus führt zu einer unerträglichen Beziehung, während

Selbstlosigkeit das Glück des anderen begründet und im Über-sich-selbst-Hinauswachsen zum Ausdruck kommt.

Ja, jeder soll zuerst um das Glück des anderen besorgt sein. So sind die Tage voll von kleinen feinfühligen Gesten, die der Liebe immer neue Nahrung geben. *«Lieben heißt, alles geben und sich selbst geben!»*[11] Wie Christus das für Seine Kirche getan hat!

3.7 – SEXUALITÄT

Wir wissen, Sexualität spielt im Eheleben eine wichtige Rolle. Leider glauben viele, die Sexualität kann die Liebe hervorbringen, während das Gegenteil der Fall ist: Die echte Liebe gibt der Sexualität erst einen Sinn.

Gott will, dass wir fruchtbar sind und uns vermehren können. Die Freude ist mit allen Bedürfnissen des Menschen verbunden. Freude begleitet die Ernährung, die Arbeit, die Erholung, die geistige Entwicklung usw. Bei der Zeugung ist die Vereinigung von Mann und Frau von Freude begleitet.

Jede Freude muss wohl geordnet und unter der Kontrolle unseres Willens, unserer Intelligenz und unseres Geistes gelebt werden. Die uns beseelenden Werte beeinflussen im Bereich der Sexualität wie in allen Bereichen unsere Haltung und unser Verhalten. Um nicht auf dem falschen Weg zu sein, ist es wichtig, die Lehre Gottes zu kennen, die durch Sein Wort weitergegeben und Seiner Kirche anvertraut wurde. Beim Befolgen dieser Lehre gehen wir auf dem Weg des Glücks, den Gott für Mann und Frau vorgesehen hat.

Unkontrolliert begehrte und gelebte Freuden führen den Menschen in völlige Abhängigkeit, sie können ihn sogar zerstören und verursachen viele Leiden. Diese Leiden wirken sich leider auf seine Familie aus.

Entgegen der öffentlichen Meinung können wir mit unserer über fünfzigjährigen Eheerfahrung feststellen, dass die Zeiten der Keuschheit unsere Liebe wachsen ließen:

---

11. Die heilige Theresia vom Kinde Jesus.

- Die Keuschheit vor der Ehe und die Enthaltsamkeit brachten die Treue mit sich.

- Die Keuschheit in den Zeiten der Fruchtbarkeit im Hinblick auf die Geburtenplanung lud uns dazu ein, unsere gegenseitige Liebe auf andere Weise zum Ausdruck zu bringen.

- Die freiwillige Keuschheit zu einer bestimmten Zeit hat uns ans Verzichten gewöhnt, und Gott hat uns zur Festigung unseres Ehelebens besondere Gnaden geschenkt, dessen sind wir sicher. Um die freiwillige Keuschheit zu leben, müssen Mann und Frau dies wünschen und damit einverstanden sein. Wir, meine Frau und ich, sind uns bewusst, dass diese Zeiten der Selbstverleugnung dazu beitragen, das Böse in der Welt wieder gutzumachen. Gott versäumt in Seiner Barmherzigkeit und Zärtlichkeit nicht, diese kleinen Gesten in unserem Leben in Gnaden und Segen zu verwandeln. Wir glauben, dass Gott durch das Aufopfern unserer Keuschheit die Heilung gebrochener Herzen und von Personen bewirkt, die vom Leben und ganz besonders in ihrer Sexualität verwundet sind. Das sind die Reichtümer der Gemeinschaft der Heiligen, das heißt, die ausgestreute Liebe kann durch die Güte Gottes das Herz anderer Personen irgendwo in der Welt bewegen.

Der Herr lässt sich in der Hochherzigkeit nie besiegen. Je mehr wir uns selbst verleugnen, um Ihm zu gefallen, umso mehr beglückt Er uns mit einer echten Liebesbeziehung, deren Quelle Er ist. Jede Liebe kommt von Gott, aber unser Ehepartner bzw. unsere Ehepartnerin trägt auch dazu bei, uns mit Liebe zu überhäufen. Die Liebe Gottes geht durch den anderen und auch durch unsere Kinder und unsere Enkelkinder hindurch, die unsere ganze Freude sind. Das ist wunderbar und bedeutet bereits ein kleines Stück Paradies auf Erden.

Diese Liebesbeziehung zum Herrn wird von vielen allein stehenden Personen gelebt. In der Regel erhalte ich davon Zeugnisse. Diese Personen haben Folgendes gemeinsam:

- Sie haben ihre Lebenssituation vollständig angenommen, auch wenn es nicht die war, die sie gewählt oder gewünscht hatten.

- Sie alle haben dem Herrn ihr «Ja» gegeben.

- Sie räumen dem täglichen Gebet und dem Empfang der Sakramente eine besondere Zeit ein.

Bitten wir Maria und Josef, die Vorbilder der Tugend der Keuschheit, die in einer echten Liebe gelebt wurde, um Fürsprache für alle Ehepaare, die derzeit unter ihrer Ehe leiden. Mögen diese mit den Leiden Christi verbundenen Leiden in Gnaden und Segen für alle Ehepaare in Schwierigkeiten verwandelt werden! Möge unsere Jugend zur Unterscheidung fähig sein, um ihr künftiges Leben gut vorzubereiten nach Gottes Plan und nicht nach dem Zeitgeist!

Allen Jugendlichen, die diese Zeilen lesen, möchte ich sagen: Ihr alle seid in eurer Kindheit in positiver oder negativer Weise vom Leben eurer Eltern geprägt worden. Es wurde beeinflusst von den Entscheidungen, die eure Eltern lange vor eurer Geburt getroffen haben. Euren Kindern wird es vielleicht ebenso ergehen. Die Entscheidungen von heute bereiten das Glück von morgen vor!

3.8 – TREUE

Diese Tugend ist für die Entfaltung eines Ehepaares notwendig. Untreue verursacht großes Leid. Es ist zu bedenken, dass sie in den Gedanken keimt und bereits dort die Liebe verhindert. Auch wenn diese Verhaltensweise dem anderen nicht bekannt ist, so fällt sie indirekt auf die Ehe zurück und führt zu Misstrauen. Sollte die Untreue anhalten, ist sie umso mehr der Tod der Liebe. Um treu zu bleiben, muss man in der heutigen Welt wirklich auf Gottes Hilfe rechnen.

3.9 – WAHRHEIT, LIEBE, FREIHEIT

Für eine gute zwischenmenschliche Beziehung sind drei Tugenden zu üben: die Wahrheit, die Liebe und die Freiheit. Wenn eine davon schwächer ist als die beiden anderen, wird das Niveau der Beziehung auf das Niveau der niedrigsten der drei Tugenden herabgesetzt. Das bedeutet: Selbst wenn der Grad der «Liebe» und der Grad der «Wahrheit» je 100 % sind, der Grad der «Freiheit» jedoch 30 % ist, ist diese eheliche Beziehung nur 30 % dessen, was sie sein sollte.

Es ist einfach, die Freiheit derer zu achten, die weit von uns entfernt sind. Wenn es sich aber um unsere Angehörigen handelt – jene, die wir lieben, und insbesondere unseren Ehepartner bzw. unsere Ehepartnerin –, ist es viel schwieriger, deren Freiheit zu achten. Ich glaube, im Eheleben ist die Freiheit die am meisten verkannteste Tugend.

Wichtig ist, dass ich mich selbst frage, auf welche Weise ich diese drei Tugenden mit meinem Ehepartner bzw. meiner Ehepartnerin übe.

«Meinen Ehepartner nicht manipulieren … ihn nicht beherrschen, sondern ihn kennen lernen wollen. Nicht ihn nehmen, sondern ihn aus den Händen Gottes empfangen, um ihn täglich zu heiraten» (Kardinal Danneels).

3.10 – FINANZEN

Wir alle wissen, dass bei vielen Ehepaaren und Familien Geld oft Gegenstand von Auseinandersetzungen und Unstimmigkeiten ist.

So sind meine Frau und ich seit fünfzig Jahren vorgegangen. Es schien mir für Elisabeth ungerecht und demütigend, mich für ihre Bedürfnisse und die Ausgaben für den Haushalt um Geld bitten zu müssen. Also habe ich ihr vorgeschlagen, ihr jede Woche einen Betrag zu geben. Nach einiger Zeit war ich es leid, mich zu vergewissern, ob ich immer genügend Bargeld für sie hatte. In gegenseitigem Einvernehmen haben wir uns für eine Lösung von zwölf Schecks entschieden. Unser «finanzielles» Gespräch beschränkte sich also auf einige Minuten im Jahr, um den Betrag festzusetzen und die zwölf Schecks auszufüllen.

Später gab es eine neue Konstellation, als die Kinder ins Jugendalter kamen. In der Ferienzeit teilte mir Elisabeth ihre Sorge mit, ob sie den Bedürfnissen der Kinder nachkommt und die Einkäufe unter ihnen gerecht aufteilt.

Wir kamen also überein, ihnen die finanziellen Mittel für ihre Schulausgaben, ihre Kleidung und ihr Ausgehen zu geben. Wenn sie mehr wollten, mussten sie selbst dafür sorgen.

Wir haben ein System festgelegt, das sich im weiteren Verlauf gehalten hat. Sobald ein Kind ins Gymnasium kam, stellten wir ihm zehn Schecks für das ganze Schuljahr aus. Dadurch wurde es viel selbstständiger und verantwortungsvoller.

> Eine junge Frau (die ich Martine nennen werde) fragte mich in der Geldfrage um Rat. Sie erlebte eine große Meinungsverschiedenheit mit ihrem Mann. Martine, eine kluge junge Frau, will in allem verantwortungsvoll sein und möchte auf finanzieller Ebene eine Sicherheit haben. Auch bei ihren Einkäufen will sie sehr vernünftig sein; sie nimmt sich Zeit, darüber nachzudenken, ob es sich um einen notwendigen oder wünschenswerten Kauf handelt. Serge ist ein Mann voller Talente, sehr aktiv, tatkräftig; allem, was er tut, gibt er sich vollkommen hin. Sein Stein des Anstoßes ist es, dass er seine Wünsche sehr schnell erfüllen möchte.
>
> Als sie mich um Rat fragte, hatte sich Serge gerade in Geschäfte gestürzt. Er schaffte es nur mit Mühe, seinen Verpflichtungen nachzukommen und war nicht sicher, ob sein Geschäft überleben würde. Andererseits hatte er sich zwei Wochen zuvor einen teuereren Wagen angeschafft, obwohl sein Auto noch gut war. Auch hatte er sich gerade ein sehr kostspieliges Klangsystem gekauft. Martine fragte mich ratlos:

M.: Was soll ich angesichts einer solchen Situation tun? Wenn er so weitermacht, werden wir in Konkurs geraten.

L.: Wird sich etwas ändern, wenn du dich quer stellst?

M.: Nicht viel, denn wenn er etwas wünscht, begehrt er es so sehr … Ich glaube, er wird es trotzdem kaufen.

L.: Was ist für dich das Wichtigste: eure finanzielle Situation oder eure Liebe?

M.: Unsere Liebe!, sagte Martine, ohne zu zögern.

L.: Sie ist also das Wesentliche. Du hast vollkommen Recht. Sollte er eines Tages in Konkurs geraten, dann wird er mehr denn je deiner Liebe bedürfen. Es ist also wichtig, dass ihr sie wegen einer Geldfrage nicht zerbrochen habt. Du kannst ihm deine Meinung sagen, aber nicht mehr. Ich fahre fort mit folgendem Vorschlag: Warum handelst du nicht wie eine kluge Frau und sparst. Sollte eines Tages der Konkurs eintreten, könntest du ihm sagen: Etwas ist wichtiger als deine Geschäfte, nämlich meine Liebe Serge. Du brauchst dich nicht zu beunruhigen, denn mit meinen Ersparnissen werden wir solange leben können, bis du dich finanziell wieder erholt hast.

Fünf oder sechs Jahre später sagte mir Martine, dieser Ratschlag sei für sie sehr wertvoll gewesen und sie habe beschlossen, Serge mit seinen Grenzen zu akzeptieren.

Ich sah, wie ihre eheliche Liebe größer wurde. Ihre Befürchtungen sind nie eingetreten; im Gegenteil, Serges Geschäfte blühten sehr auf. Er entdeckte die geistigen Werte; die materiellen Güter wurden in seinen Augen weniger wichtig und er wurde im Hinblick auf seine Einkäufe vernünftiger.

3.11 – PRIORITÄTEN

Die Arbeit, das gesellschaftliche Leben, der Sport, die Freizeitbeschäftigungen und die Verpflichtungen nehmen unsere Zeit so sehr in Anspruch, dass das Wesentliche zu kurz kommen könnte. Vor allem wenn man, wie ich, von Natur aus aktiv und leidenschaftlich ist. Wie leicht begeistert man sich für ein Projekt oder eine Arbeit und hat keine Zeit mehr für das Essenzielle. Andererseits habe ich festgestellt, dass man immer Zeit hat für das, was einem vorrangig ist, aber sehr wenig und manchmal nie für das, was einem zweitrangig ist. Ich musste in meinem Leben Prioritäten setzen. Um schwerwiegende Fehler zu vermeiden, habe ich mich entschlossen, vor dem Allerheiligsten zu beten und über eine Wertordnung nachzudenken.

Diese Wertordnung hat sich in meinem Denken herauskristallisiert:

1. **Gott:** dem Gebet, der Eucharistie, der geistlichen Lesung und der Meditation täglich eine Zeit widmen

2. **meine Ehefrau Elisabeth:** gemeinsam Zeit haben für den Austausch des täglich Erlebten hinsichtlich der Freuden, Mühen, Beschäftigungen, Sorgen

3. **die Kinder:** bereit sein, ihnen zuzuhören, sie zu begleiten und mit ihnen altersgerechte Ausflüge und Aktivitäten zu machen

4. **die anderen:** sich die Zeit nehmen, ihnen in Maßen zuzuhören und zu helfen

5. **die Arbeit und die Verwaltung der materiellen Güter**

6. **die Entspannung und die körperliche Verfassung**

7. **die Grundbedürfnisse**

Diese Wertordnung war für mich sehr wohltuend!

3.12 – QUALITÄT DER GEGENWART

Als die Kinder klein waren, war ich von der vielen Arbeit stark beansprucht. Dies versuchte ich durch eine qualitative Gegenwart wettzumachen. Wenn ich abends meine Arbeit verließ, setzte ich auf die zurückzulegende Entfernung, um die Tür meiner Gedanken zu schließen und die meiner Familie zu öffnen. Der gleiche Vorgang vollzog sich am Morgen, wenn ich ins Büro zurückkehrte.

Oft hörte ich Elisabeth sagen: *Ich ziehe die qualitative Gegenwart der quantitativen vor.* Einmal freute ich mich, unseren Ältesten auf die Frage: Dein Vater war immer ein aktiver Mann, hast du unter seiner Abwesenheit gelitten?, antworten zu hören: *Nein, denn wenn er zu Hause war, war er wirklich gegenwärtig.*

3.13 – KAMPF GEGEN DIE ABHÄNGIGKEITEN

Die wichtigsten Abhängigkeiten, die ein Eheleben sehr schwierig machen, sind: Alkohol, Drogen, Spielsucht, fehlgeleitete Sexualität, übermäßiges Arbeiten, Fernseher, Internet, Habsucht, Machtgier und auch Wissensdurst. Diese Verhaltensweisen isolieren. Oft werden diese Abhängigkeiten von einer großen inneren Leere verursacht, die gefüllt werden will. Indem wir uns mit Ihm versöhnen, werden uns Seine Gegenwart und Seine Hilfe gegen die Gefahren der Abhängigkeiten stärken.

3.14 – ERLEBTE BEISPIELE

Eines Tages begegnete ich einer Person, die für geschiedene Ehepaare, die in einem eheähnlichen Verhältnis leben, offen Lösungen vorschlug, die nicht dem Wort Gottes und der Lehre der Kirche entsprechen. Sie schloss ihre Darlegung mit der Frage: *«Haben Sie andere Lösungen?»* Ich antwortete ihr sofort:

«Ja, mir ist klar, dass es eine andere Lösung gibt als die, die Sie empfehlen: der Glaube! Der Glaube an einen allmächtigen Gott der Liebe, einen Gott, der das, was den Weisen und Klugen dieser Welt unmöglich zu sein scheint, möglich machen kann.»

Hier einige erlebte Beispiele, deren Zeuge ich war und die bestätigen, was der Glaube bewirkt, wenn man beschließt, Gott ein «vollständiges, bedingungsloses und unwiderrufliches Ja» zu sagen und nach Seiner Lehre zu leben, und nicht versucht, sein sündhaftes Leben zu rechtfertigen oder zu ignorieren.

- ➢ Seit acht Jahren lebte Ronald in einem eheähnlichen Verhältnis, als er sich bekehrte. Um seinen Glauben zu leben, hat er seine Geliebte verlassen und das gemeinsame Leben mit seiner richtigen Ehefrau wieder aufgenommen. Seit mehr als fünfzehn Jahren sind sie zusammen sehr glücklich und machen ihre Kinder glücklich. Sie sind in der Kirche engagiert und lebendige Zeugen der allmächtigen Liebe Gottes, wenn man Ihm vertraut.
- ➢ Henri lebte im Augenblick seiner Bekehrung in einem eheähnlichen Verhältnis. Er übergab seine Situation dem Herrn. Sie lebten ein Jahr lang in Keuschheit und jeder erhielt die Ungültigkeit seiner Ehe. Seit ungefähr zwanzig Jahren sind sie kirchlich verheiratet und tun durch ihr Engagement viel Gutes in ihrem Umfeld.
- ➢ Danielle ist Mutter von zwei Kindern. Im Augenblick ihrer Bekehrung lebte sie mit dem Vater ihrer Kinder in einem eheähnlichen Verhältnis. Sie hat nur einen Wunsch: den Willen Gottes zu tun. Dieses Paar erhielt die Gnade, keusch zu leben, ihre Kinder gemeinsam zu erziehen und eine schöne Aufgabe bei den Geschiedenen zu haben, damit sie in Übereinstimmung mit der Lehre der Kirche leben.

➢ Marie-Pierre lebt in Frankreich. Seit 25 Jahren ist sie verheiratet und Mutter von vier Kindern; ihr großes Leid ist es, mit einem Mann zu leben, den sie, wie sie sagt, nie geliebt hat. Dazu inspiriert, diese Situation dem Herrn zu übergeben … verliebt sie sich nach 26 Jahren Ehe in ihren Mann und erlebt sechs Monate lang echte Flitterwochen.

Ich kenne Hunderte von Fällen, wo der Glaube möglich machte, was unmöglich schien.

3.15 – AMT DER HEILIGEN ENGEL

Die heiligen Engel können uns helfen, eine Menge Probleme zu lösen. Gott, in Seiner Vorsehung, hat uns mindestens einen gegeben, der einzig und allein für uns da ist. Er ist immer glücklich, wenn er uns dienen darf. Sie auf folgende Weise einzusetzen, hat in mehreren Fällen Wunder bewirkt. Ich bitte unsere gute Himmelsmama, Maria, die zugleich Königin der heiligen Engel ist, meinem Schutzengel zu befehlen, den Schutzengel des anderen bzw. der anderen Personen zu treffen, mit denen ich zusammenkommen soll, um die Einheit der Herzen und des Geistes vor unserem Zusammentreffen herzustellen. Dieses Gebet erleichterte mir sehr viele Zusammenkünfte.

3.16 – DIE ROLLE DES EHEPAARS ALS ELTERN

Da die wahren Früchte der Liebe eines Ehepaares die Kinder sind, möchte ich gern mit euch Betrachtungen über unsere Rolle als Eltern anstellen.

Wenn wir Kinder haben, lieben wir sie und wollen ihnen das Beste geben. Das schönste Geschenk, das wir ihnen machen können, sind geeinte Eltern, die sich lieben und ihre Liebe ausdrücken können.

Unsere Kinder brauchen viel Liebe und viel Festigkeit. Ich würde sagen, sie müssen in der Festigkeit der Liebe und in der Liebe der Festigkeit aufwachsen. Wir neigen zu der Anschauung, dass Liebe Weichheit bedeutet und Festigkeit Härte. Das ist ein Irrtum.

Die Theorie *das Kind ist König* ist sicherlich ein Abgleiten. Ein Kind lieben bedeutet nicht, es mit seinen schmutzigen Stiefeln auf das Wohnzimmersofa springen zu lassen. Das Gleiche gilt für das gesamte Verhalten im Leben. Das Kind muss von frühester Jugend an lernen, dass sein Tun Folgen hat.

Da es bei unseren Jugendlichen so viele Probleme gibt, ist es für uns Eltern von Vorteil, uns folgende Fragen zu stellen:

- Wer sind die Hauptverantwortlichen für die Erziehung unserer Kinder: die Gesellschaft oder wir selbst?
- Wie können unsere Kinder besser sein als die gesamte Gesellschaft, wenn wir dem Zeitgeist folgen?
- Ist es ein Liebesbeweis, die Seele unserer Kinder der Gefahr auszusetzen, indem wir Dinge mit fragwürdigem Ausgang unter dem Vorwand erlauben, dass es alle tun?

Ich lobpreise Gott, dass er mir Eltern gegeben hat, die nie folgendes Argument akzeptierten: «Die anderen tun es» oder «Die anderen gehen dorthin». Meine Mutter sagte: *«Wenn die anderen ertrinken, willst du dasselbe tun?»* Sich vom Verhalten der anderen beeinflussen lassen war für sie ein Charakterfehler. Wir mussten lernen, unsere Entscheidungen unter Berücksichtigung unserer Werte zu treffen und nicht in Abhängigkeit von den anderen. Wenn sie etwas nicht erlaubte, erklärte sie uns warum.

Wir haben gelernt, unser Verhalten an die Bedürfnisse unserer Kinder anzupassen und nicht an das, was die Gesellschaft vermittelt. Folgende Bedürfnisse haben wir erkannt:

In jedem Alter muss das Kind viel Liebe von seinen Eltern empfangen. In der frühen Kindheit bedarf es der Aufmerksamkeit, der Zärtlichkeit und der Festigkeit.

Beim Heranwachsen muss es zu eigenen Entscheidungen hingeführt werden, die für seine Zukunft Folgen haben. Wir sollen es begleiten, damit es lernt, zu unterscheiden und so gute Entscheidungen zu treffen. Im Jugendalter braucht es etwas mehr Freiheit. Es ist gut, bei nicht folgenschweren Dingen tolerant zu sein, vor Kleinigkeiten manchmal die Augen zu schließen, jedoch bei folgenschweren Dingen fest zu bleiben.

Wenn es erwachsen wird, müssen wir seine Entscheidungen respektieren, auch wenn einige von unseren recht verschieden sind, und bereit bleiben, es zu begleiten und ihm manchmal einen Rat zu geben. Es ist gut, uns daran zu erinnern, dass das Kind viel mehr geprägt wird von dem, was die Eltern sind, als von dem, was sie sagen.

Der Übergang von der Kindheit zum Jugendalter und vom Jugendalter zum Erwachsenenalter sind für die Eltern oft sehr schwierige Zeiten. Um diese verschiedenen Übergänge zu meister, hat uns, Elisabeth und mir, geholfen, die Kinder dem Herrn zu übergeben und für sie zu beten. Wir haben unser Vertrauen auf Ihn gesetzt, dass Er sie inspiriert und lenkt.

Da wir auf das Wirken des Herrn vertrauten, dass Er sie bei der Wahl ihres Ehepartners lenkt, enthielten wir uns immer jeglichen negativen Kommentars über ihre Freunde (ihre Freundinnen). Die Lebenserfahrung lehrt uns, dass gerade dann, wenn die Eltern gegen ihre Wahl sind, sie öfter als sonst daran festhalten werden. Sind sie erst einmal verheiratet, werden alle von ihren Eltern gehörten negativen Worte wieder hochkommen.

Andererseits ist für das Gelingen der Ehe nicht entscheidend, was wir im Augenblick der Eheschließung sind, sondern was wir sein werden. Die Aufgeschlossenheit und die Liebe seitens der Schwiegereltern können ein harmonisches Eheleben begünstigen.

Beim Älterwerden entdecken wir oft unsere Fehler unseren Kindern gegenüber. Was können wir tun?

- Sie um Verzeihung bitten.
- Diese Fehler in das Sakrament der Versöhnung bringen, um von Gott Vergebung zu erhalten.
- Diese Fehler dem Herrn übergeben, wissend, dass er sie in Gnaden und Segen für sie verwandeln kann.
- Unsere Kleinheit, unsere Verletzlichkeit, unsere Schwachheit, unsere Grenzen und unsere Fehler annehmen.

VIERTES KAPITEL

FÜR DIE JUGEND

4.1 – BEDEUTUNG DES GUTEN UMGANGS

Für die Wahl des richtigen Ehepartners bzw. der richtigen Ehepartnerin sind Beziehungen notwendig. Wir lernen uns selbst und den anderen kennen, einander lieben und achten. Leider überspringen wir heute diese wichtigen Phasen. Schnell geraten wir in die Falle der sexuellen Erfahrungen und meinen, sie würden unsere Suche nach Glück befriedigen. Das ist ein Irrtum. Das Glück wird mittel- und langfristig geschmiedet. Als ich jung war, lehrte man uns:

In unserer Jugend säen wir … später ernten wir, was wir gesät haben.

Ich denke, dies ist noch immer gültig. Unsere Entscheidungen und unser Tun haben immer Folgen. Daher ist es wichtig, sein künftiges Leben gut vorzubereiten.

4.2 – TREUEVERSPRECHEN

Viele Paare haben Angst davor, eine feste Bindung einzugehen. Sie bilden sich aus einem augenblicklichen Impuls heraus. Man lebt von Tag zu Tag, ohne sich ganz einzusetzen, da das Treueversprechen ja auf einer zeitlichen und nicht endgültigen Basis gegeben wurde. Um eine Krise durchzustehen, ist ein festes und endgültiges Treueversprechen notwendig; mehr als das, man muss auf Gottes Hilfe und die Gnaden des Ehesakramentes rechnen.

Seine Heiligkeit Johannes Paul II. sagte uns: *«Habt keine Angst davor, Risiken einzugehen! Es gibt keine schwierige Situation, die nicht in einem Klima kohärenten christlichen Lebens in angemessener Weise gemeistert werden könnte.»*

Viele Leute lassen sich auf die Ehe ein und sind bereit, im Fall einer Schwierigkeit 50 % des Weges zu gehen. In den Augen des anderen hingegen kann diese Anstrengung nur 10 % darstellen. Wenn jeder nur 10 % macht, werden sie sich nie treffen. Man muss also bereit sein, viel mehr als 50 % beizutragen.

Am Tag der Trauung sind die Bräute meistens sehr schön. Den Ehemännern möchte ich Folgendes sagen: Wenn deine Ehefrau sehr schön ist, dann deshalb, weil sie sich geliebt fühlt. Findest du sie eines schönen Morgens weniger schön, frage dich, ob du es versäumt hast, sie zu lieben oder ihr zu sagen, dass du sie liebst.

4.3 – GESPRÄCH MIT MEINEM 21-JÄHRIGEN ENKEL

Bei einem herzlichen Gespräch unter vier Augen bringt er seine Bewunderung für die schöne Familie zum Ausdruck, zu der er gehört. Er bezeichnet sich als besonders glücklich, weil er geeinte Eltern hat, im Gegensatz zu seinen Freunden, die in einem familiären Milieu leben, das oft uneinig ist. Er stellt fest, dass diese Situation viele Leiden mit sich bringt.

Dann sagt er zu mir: «Ich weiß, es stört dich, dass einer deiner Enkel mit seiner Freundin zusammenlebt, obwohl sie nicht verheiratet sind, und eine deiner Enkelinnen mit ihrem Freund das Gleiche tut. Du musst akzeptieren, dass das Leben nicht mehr so ist, wie es war, als du jung warst. Viele Ehen scheitern. Die Möglichkeit des Zusammenlebens vor der endgültigen Bindung ist also wichtig, um uns besser kennen zu lernen und zu wissen, ob wir uns auf Lebenszeit binden können. Jetzt akzeptiert die Gesellschaft das Zusammenleben ohne Trauschein. Du solltest das akzeptieren.»

Mit Gottes Hilfe war dies meine Antwort: «Du hast Recht, wenn du sagst, die Sitten haben sich sehr geändert … Offen gestanden kommt es vor, dass ich mich frage, was mein Verhalten gewesen wäre, wenn ich mich in deinem Alter in einer solchen Welt befunden hätte? Ich weiß es wirklich nicht. Aber heute erkenne ich, dass dieses Abgleiten nur in eine Sackgasse führen kann.

Ich liebe euch und wünsche so sehr, dass ihr glücklich seid und von den großen Leiden in unserer Welt ausgenommen sein könnt. Unser

Tun hat immer Folgen. Du hast gesagt, dass wir eine schöne Familie haben, während es viel Leid in der Gesellschaft gibt. Wenn wir unser Leben auf das ausrichten, was die Gesellschaft vermittelt, werden wir die gleichen Schmerzen durchleben wie sie. In unserer Familie gibt es weniger Leid, weil wir unser Leben nach Werten und Glaubensüberzeugungen ausgerichtet haben und nicht danach, was die Gesellschaft akzeptiert. Diese Entscheidung müssen wir täglich treffen.

Du bist nun 21 Jahre alt, du bist erwachsen. Es steht dir zu, deine Entscheidungen zu treffen. Wir werden sie respektieren und dich weiterhin lieben. Gewiss möchten wir dir die großen Schmerzen einer fehlgeleiteten Welt ersparen, aber die Entscheidungen für dein eigenes Leben musst du selbst treffen, nicht wir.

Mit meinen fünfzig Ehejahren glaube ich, dass es falsch ist zu behaupten, eine Erfahrung des "gemeinsamen Lebens", selbst wenn es seit fünf oder zehn Jahren dauert, sei eine Garantie für einen Erfolg in der Zukunft, da ja die Liebe jeden Tag gepflegt werden muss. Mit Recht sagst du, dass viele Ehen scheitern und ein gelungenes Eheleben heute schwierig ist; daher ist es wichtig, alles zu tun, was an uns liegt. Alles zu tun, was an uns liegt, bedeutet für mich, sich an Gott zu binden, mit Ihm einen Bund zu schließen. Wie gut ist es zu wissen, dass vom Ehesakrament echte und reichliche Gnaden für jene kommen, die daran glauben und bereit sind, nach dem Gesetz der Liebe des Herrn zu leben.

Erlebnisse auf beruflicher Ebene prägten mich dreißig Jahre lang. Im Verlauf dieser langen Zeit stellte ich Leute ein, bildete sie aus und begleitete sie im Lebensversicherungsgeschäft. In diesem sehr schwierigen Beruf scheitern ungefähr 90 %. Anfangs fand ich die Person klug, die zu mir sagte: *Ich weiß, das ist ein schwieriger Beruf. Ich möchte mich darin versuchen und sollte ich erfolgreich sein, dann entscheide ich mich, ob ich mich ganz engagiere.*

Nach mehrjährigen Erfahrungen stellte ich fest, dass alle Leute, die gekommen waren, um "sich darin zu versuchen", gescheitert sind. Die Erfolgreichen waren diejenigen, die zu Beginn entschlossen waren, erfolgreich zu sein. In den letzten Jahren meiner beruflichen Laufbahn lehnte ich es ab, jemanden einzustellen, der kam, um “sich darin zu versuchen”; denn das war verlorene Liebesmühe. Wenn Engagement und Entschlossenheit die Hauptkriterien für den Erfolg einer beruflichen Laufbahn sind, so sind sie es um so mehr, wenn es sich um das Eheleben handelt.

Für mich ist klar, dass unsere gottlose Gesellschaft viel Falschheit vermittelt. Ständig müssen wir um die Hilfe Gottes bitten, um Sein Licht der Weisheit und der Unterscheidung, damit wir erkennen, was gut und was schlecht ist, was Frucht bringen und was ernste Schwierigkeiten zur Folge haben kann. Wir müssen um den Mut bitten, unser Leben nach den Werten des Evangeliums und nicht nach dem Zeitgeist auszurichten, dabei aber die Freiheit der anderen achten.»

FÜNFTES KAPITEL

DAS EHESAKRAMENT

von dem Priester Guy Giroux

Der Schöpfungsbericht offenbart uns, dass Gott am Abend eines jeden Tages entzückt ist und sieht, dass es gut ist. Angelangt am siebten Tag bedenkt Er, dass *es nicht gut ist, dass der Mensch allein ist.* Er erschafft Eva. Gott segnet das beginnende Leben dieses Paares.

DAS EHEPAAR: ZEICHEN DER LIEBE

Der Katechismus der Katholischen Kirche zeigt uns das Ehesakrament als ein großes Ereignis; und das ist es! Wer an Gott glaubt, sieht in der Ehe den Bund Gottes mit der Menschheit. Er erkennt auch die Liebe, die Christus zu Seiner Kirche hat. Durch die Heirat will das christliche Paar sichtbares ZEICHEN dieser Liebe sein. Gott erschuf den Menschen aus Liebe; Er hat ihn auch zur Liebe berufen. Der Mann und die Frau, die sich vor Gott und vor den Menschen aneinander binden, werden also zu Zeichen der Liebe Gottes. Unsere Welt braucht leuchtende Zeichen der Treue. Oft hört man die Redewendung: «Amour [Liebe] reimt sich mit toujours [immer].» Wenn Paare heiraten, wollen sie, dass die Liebe nicht stirbt. Ja sie wünschen, dass sie immer bleibt.

DAS EHEPAAR, BERUFEN ZUR FRUCHTBARKEIT

Gott, der Liebe ist, erschuf den Menschen nach seinem Abbild und Ihm ähnlich. Als Mann und Frau schuf Er sie. Er segnete sie, damit sie fruchtbar sind. Die von Gott gewünschte Fruchtbarkeit betrifft nicht nur die biologische Ebene (die Tatsache, Kinder zu haben), sondern auch die geistige Ebene (ihre Liebe weckt in der Welt das Verlangen, besser zu leben). Im Ehesakrament wirkt Gott in besonderer Weise für das Glück des Ehepaares, für das Glück der Familie, aber auch der Gesellschaft.

DIE EHE: EIN SAKRAMENT

Zunächst die Frage: Was ist ein Sakrament? Ein Sakrament ist ein wahrnehmbares Zeichen, in dem sich Gott offenbart, um eine besondere Gnade zu schenken. Was ist denn eine Gnade? Eine Gnade ist eine übernatürliche Gabe, die Gott schenkt, um das Heil zu erlangen. Welches ist nun das wahrnehmbare Zeichen der Ehe? Der Ehekonsens, das «Ja» eines jeden von ihnen, ebenso wie die körperliche Vereinigung von Mann und Frau, die ihre Liebe Gott weihen.

Im Ehesakrament helfen Mann und Frau einander, gemeinsam den Himmel zu erreichen und auch ihre Kinder dorthin zu geleiten. Man geht zu Gott als Familie. Wenn eine Familie die Augen auf Jesus Christus gerichtet hält und Seinen Willen tut, zieht die ganze Gesellschaft daraus Nutzen.

DIE EHE: EIN GESCHENK

Das Ehesakrament ist also ein kostbares Geschenk Gottes. Man erkennt darin die Gegenwart von Gottes Liebe, die in den Herzen der Eheleute wirkt, damit ihre Liebe nicht aufhört zu wachsen. Gott offenbart sich immer, um Seine Kinder glücklich zu machen, auch wenn manchmal Hindernisse und Prüfungen zu meistern sind. Durch Seine Gegenwart bewegt Gott Mann und Frau, in ihrer Hingabe weiterzugehen. In der christlichen Ehe schenkt Gott ganz besondere Gnaden, damit die Liebe des neuen Ehepaares nicht stagniert, sondern sich entfaltet und reichlich Früchte trägt.

DER LIEBESPLAN GOTTES

Denken wir an den Satz Jesu: Wie Mich der Vater geliebt hat, so habe auch Ich euch geliebt. … Liebt einander.[12] Jesus will also, dass Mann und Frau einander lieben mit der Liebe, die Jesus vom Vater empfängt. Diese Liebe will sich in die Herzen der Eheleute ergießen. Die Gnade Gottes ist also unbedingt notwendig, damit ihre Herzen weiter

12. Joh 15,9.12; vgl. 17,26.

geöffnet werden und sie miteinander eine innige Lebens- und Liebesgemeinschaft leben.

Im Ehesakrament sind Mann und Frau berufen, glücklich und fruchtbar zu sein. Doch darf nicht vergessen werden, dass die Eheleute nach dem Evangelium leben müssen, damit die Gnade des Ehesakramentes Früchte des Heils trägt. Das Wort Gottes bleibt ihr Leuchtturm.

Die Gnaden des Ehesakramentes können sich nicht entfalten, wenn sich die Eheleute nach der Trauung keine Gedanken darüber machen, wie sie ihr Eheleben dem Plan Gottes angleichen können. Sie brauchen sich nicht zu wundern, dass ihre Liebe zu wachsen aufhört. Mit der Liebe ist es wie im Gleichnis vom Sämann, der Korn sät. Fällt es an den Wegrand oder in die Dornen, kann es nicht zur Reife gelangen. Das Korn des Sakramentes muss in den Herzen des neuen Ehepaares auf guten Boden fallen, um zur Reife zu gelangen.

DIE UNAUFLÖSBARKEIT DER EHE

Die Kirche lehrt, dass die christliche Ehe unauflösbar ist. Warum? Für das Ehepaar ist Christus und die Kirche das beste Beispiel. Der heilige Paulus verkündet es uns: «Ihr Männer, liebt eure Frauen, wie Christus die Kirche geliebt und sich für sie hingegeben hat.»[13] Christus wird der Kirche und die Kirche Christus immer treu sein. Indem sie über Christus und die Kirche nachsinnen, finden Mann und Frau dort ihre Wurzeln und ihre Inspiration.

In stürmischen Zeiten lädt dieses Beispiel dazu ein, über sich selbst hinauszuwachsen: Christus hat Sein Leben für die Kirche hingegeben. Er ist aus Liebe zu ihr gestorben. Ist der Mann bereit, das Gleiche für seine Ehefrau zu tun? Wenn der Mann in der Prüfung besorgt bleibt um das Wohlergehen seiner Ehefrau, wird diese Situation zu einem Sprungbrett, um weiterzugehen. So wird die Liebe tiefer werden. Das Gleiche gilt, wenn alles gut geht: Jeder will das Glück des anderen; auch hier wird das Leben zu zweit zur Quelle des Wachsens.

13. Eph 5, 25.

DIE BINDUNGSANGST

Verschiedene lehnen heute das Ehesakrament ab. Man beschließt, zusammenzuleben. Es wird sich zeigen, ob es klappt ... und später wird man weitersehen. Diese Denkweise ist recht verbreitet. Jedoch stärkt das Ehesakrament wirklich die gegenseitige Liebe. Es entfernt Zwietracht und Untreue. Die durch dieses Sakrament verbundenen Eheleute werden ihre Liebe vor Gott bringen. Sie wollen, dass Er im Herzen des Ehelebens ist. Das Ehesakrament ist eine Begegnung mit Gott, der ganz besondere Gnaden schenkt, damit die Liebe nicht stagniert, sondern sich entfaltet und glücklich macht.

Das Leben zu zweit ist nicht immer leicht. Doch schenkt Gott im Ehesakrament Mann und Frau die Gnade, ihren Lebensbund nach Seinem ursprünglichen Plan zu verwirklichen.[14] Er will, dass sie gemeinsam glücklich sind. Wenn man auf die Gnaden dieses Sakramentes rechnet und sich darauf bezieht, geschehen große Heilungen. Es gibt viele, die darüber Zeugnis ablegen können. Als sie meinten, alles sei aus, man könne nichts mehr tun, und aufrichtig miteinander beteten, Gott um die Gnaden ihres Ehesakramentes baten, wurde ihnen ein besonderes Licht geschenkt. Das war ein neuer Anfang, der noch schöner war als der erste.

DAS EHESAKRAMENT: EINE GABE GOTTES

Das Ehesakrament ist eine wunderbare Gabe, die Gott dem Ehepaar schenkt. Die ständige Gegenwart Gottes in den Herzen der Eheleute bringt Licht in den Lebenswandel eines jeden. Damit sich Gott offenbart, muss man verstehen, von Ihm zu leben. Die Eucharistie, das Sakrament der Gegenwart Gottes, ist die Speise, die stärkt. Beim Hören des Wortes Gottes und beim Empfang des Leibes Christi strömt das Leben Gottes in jede einzelne Person. Wenn das Leben Gottes da ist, spürt man die Fülle der Liebe.

14. Vgl. Kompendium, Nr. 339.

DIE FAMILIE, DIE HAUSKIRCHE

Mann und Frau, durch Gott vereint, bilden die Hauskirche. Im Katechismus der Katholischen Kirche heißt es: «Die christliche Familie ist die Stätte, wo die Kinder die erste Kunde vom Glauben erhalten. Darum wird sie mit Recht "Hauskirche" genannt – eine Gnaden- und Gebetsgemeinschaft, eine Schule der menschlichen Tugenden und der christlichen Liebe.»[15] Die Kirche hat also große Achtung vor Ehe und Familie.

Möge der Gott der Liebe im Herzen eures Lebens bleiben und euch mit Seinem Geist der Liebe erfüllen! Ich segne euch.

Guy Giroux, Priester

15. Katechismus der Katholischen Kirche, Nr. 1666.

SECHSTES KAPITEL

GLAUBENSZEUGNISSE

➢ Befreiung eines Paares

Seit etwa zwei Wochen bete ich das Befreiungsgebet von P. Guy Giroux (siehe unten). Oh, wie herrlich! Am Morgen des 6. August, am Gedenktag der Verklärung Unseres Herrn Jesus Christus, wurden mein Mann und ich von einer Art Dämon befreit, wie er mir sagte. Dieser Dämon hatte seinen Spaß daran, uns füreinander unangenehm, ja sogar unerträglich zu machen. Das geschah drei Tage nach Erhalt Ihres Briefes und der Nummer der Botschaft Jesu für mich. Beim Lesen dieser Botschaft machte ich Jesus folgendes Geständnis:

Ja, Jesus, es ist wahr, Deinen ganzen Willen kann ich nicht akzeptieren. Daher gab Gott mir zu verstehen, dass das das Haupthindernis in unserer Ehe ist. Nun haben wir, von Ihm erleuchtet und befreit, ein harmonischeres Leben. Das ist sehr angenehm! Ehre sei Dir, o Herr!

L. D.

«Herr Jesus, ich glaube, dass Du der menschgewordene Sohn Gottes bist, geboren von der Jungfrau Maria.

Ich glaube, dass Du gestorben bist, um die Welt zu erlösen. Ich glaube, dass Du auferstanden bist, um mir das wahre Leben zu schenken. Ich glaube, dass Du in den Himmel aufgefahren bist, um mir einen Platz in Deinem Reich der Liebe zu bereiten.

Ich erkenne, dass Du der gütige, liebende, barmherzige und vergebende Gott bist.

Ich bitte Dich um Vergebung für alle meine Sünden. Ich bereue sie von ganzem Herzen.

Ich weiß, dass Du mit offenen Armen auf mich wartest, um mich in Deine Barmherzigkeit aufzunehmen.

Heiliger Vater, durch die Macht des Namens Jesu und Seines erlösenden Blutes, durch die Verdienste Seines Leidens, Seines

Sterbens und Seiner Auferstehung, durch die Macht Deines Geistes, durch die Fürsprache der Unbefleckten Jungfrau und des heiligen Erzengels Michael und unter dem großen Mantel der Heiligen Familie, Jesus, Maria und Josef, bitte ich Dich, mich von allem zu befreien, was nicht von Dir ist.

Befreie mich in den Tiefen meines Seins, bis in die Wurzeln des Bösen hinein, das in mir ist.

Befreie mein Unterbewusstsein und mein Bewusstsein von allem, was Deine Liebe absichtlich oder unabsichtlich verletzen konnte.

Befreie meinen Geist von der Rückkehr zum Egoismus, von Abkapselung, Hochmut, Selbstgefälligkeit, vermessenen Urteilen.

Befreie mein Gedächtnis von der Erinnerung an vergangene schmerzliche Ereignisse. Sie verwirrt meine Seele. Alles, was nicht von Dir ist, heiliger Vater, lege ich zu Füßen des glorreichen Kreuzes Christi, damit durch Sein kostbares Blut alles vernichtet und in den tiefsten Abgrund geschleudert wird und sie nicht wiederkommen kann.

Ich bitte Dich, Herr, mein Gott, mich dafür zu erfüllen mit Deinem Heiligen Geist, Deinem Geist des Lichtes, Deinem Geist der Wahrheit, Deinem Geist der Demut, Deinem Geist der Stärke, Deinem Geist der Frömmigkeit, Deinem Geist der Sanftmut und Deinem Geist der Reinheit, damit ich Deinen Willen erkenne und den Mut habe, ihn zu erfüllen.

Schließlich bitte ich Dich, Herr, all die Personen zu segnen, die mich durch Worte, Gesten oder Taten verletzt haben. Überschütte sie mit Deinen Wohltaten und erfülle sie mit Deinem Geist.

Heiliger Vater, ich danke Dir für die Befreiung, die Du mir in diesem Augenblick schenkst; denn ich bin sicher, dass Du mein Gebet erhörst.

Ich glaube an Deine Liebe. Amen! Halleluja. (Guy Giroux, Priester)

➢ Die Frucht einer LLG (Lebens- und Liebesgemeinschaft)

Das Buch *Meinen Auserwählten zur Freude* heilte die ehelichen und familiären Beziehungen eines Ehepaares. Das war zunächst ein riesiges

Glück für den Ehemann, der seine Frau nicht mehr ertragen konnte. Von dem Augenblick an, wo seine Frau das Buch in Händen hatte, veränderte sie sich. Sie haben wieder eine gemeinsame Grundlage gefunden und nehmen sich Zeit, miteinander zu sprechen und auf ihre Weise eine kleine LLG zu bilden. Ist das nicht schön? Halleluja!

Eine Leserin von La Réunion

➢ Unser Ehesakrament ...

Nach 27 Ehejahren sind wir überzeugt, dass es eine Gnade gibt, die mit dem Ehesakrament zusammenhängt. Im Verlauf all dieser Jahre gab es Zeiten, in denen wir den Eindruck hatten, uns nicht mehr zu verstehen, in denen wir nicht mehr ein Herz und eine Seele waren, in denen wir das Gefühl hatten, einander nicht mehr so sehr zu lieben. Jedes Mal, wenn wir Gott baten, durch die Gnade unseres Ehesakramentes einzugreifen, spürten wir in unseren Herzen eine Veränderung. Als ob sich die Sicht der Dinge augenblicklich änderte.

Um diese Gnade baten wir auch in unserer Rolle als Eltern. Wie oft fühlten wir uns menschlich machtlos und baten Gott, durch die Gnade unseres Ehesakramentes zu den Herzen unserer Kinder zu sprechen!

Könnten alle jungen Paare die Kraft erkennen, die von diesem Sakrament kommt, hätten sie keine Angst, die Ehe miteinander zu schließen.

Sylvie und Jean-Louis

➢ Spiritueller Unterschied zwischen den Eheleuten!

Aufgrund des früheren Lebenswandels und der verschiedenen Lebensmilieus ist es normal, dass die religiöse Motivation und die geistlichen Übungen bei den Eheleuten anders zum Ausdruck kommen. Alle Möglichkeiten können vorkommen. Bei meiner Frau gleicht der spirituelle Anreiz dem der meisten Quebecerinnen, das heißt, er ist ziemlich schwach, während bei mir die Gabe der Frömmigkeit, Gott sei Dank, recht groß ist. Das war schon so bei unserem ersten Zusammensein. Durch meinen kürzlich erfolgten Ruhestand wird dieser spirituelle Interessenunterschied zwischen uns größer; denn ich widme dem Herrn die meiste Zeit.

Wie kann eine solche Situation zwischen zwei ziemlich unabhängigen Personen, die drei Kinder erzogen haben, langfristig lebensfähig sein? Im Verlauf dieser vierzig Ehejahre, die – wie bei den meisten Ehepaaren – von Höhen und Tiefen, Freuden und Leiden, Harmonie und Konflikten geprägt sind, habe ich Folgendes gelernt:

- Betet mindestens einer der Ehepartner zum Herrn, so zeigen sich auch die Gnaden des Ehesakramentes je nach Bedarf.
- Den Ausgangspunkt bildet die gegenseitige Achtung vor den Unterschieden, wobei vermieden wird, Extremsituationen auszunützen oder Gegensätze zu verschärfen.
- In Konfliktsituationen habe ich gelernt, die Eskalation zu vermeiden; einer der Ehepartner muss sich selbst verleugnen, damit die innere Dynamik eine positivere Wendung nimmt.
- Oft bemerkte ich, dass der Herr über meine Ehefrau zu mir spricht, damit ich ein authentischeres christliches Leben führe.
- Ich glaube, es gibt auch Personen, die auf spiritueller Ebene passiver sein wollen, aber unter dem wohlwollenden Blick des Allerhöchsten ihre Standespflicht treu erfüllen.
- Zu guter Letzt: Wächst man trotz unvermeidlicher Unzulänglichkeiten mit gutem Willen in der ehelichen Liebe, vervollkommnet der Herr sein Meisterwerk; er macht jeden Ehepartner reifer. Dies bereichert die Ehe in neuer und tieferer Weise. *Marcel*

➢ Die Sakramentalität der Ehe

Ich zögerte, hier mein Zeugnis zu geben, weil ich finde, dass das echte Zeugnis manchmal schwer mit Worten ausgedrückt werden kann, schon eher in dem, was wir *von Ihm widerspiegeln*, und dass die sich daraus ergebenden Früchte dank der Zuvorkommenheit und Weisheit Gottes vor den Augen der Welt oft verborgen sind.

Jedoch gebe ich zu, dass diese kleine Übung dazu beiträgt, meine Wandlung Revue passieren zu lassen, die ich nach meiner vor längerer Zeit erfolgten Scheidung durchgemacht habe.

Verborgen in der Wunde des Auferstandenen werde ich mich also dem Wiederaufreißen meiner Wunde aussetzen.

Staunend sinne ich nach über das Vorzeichen im Augenblick meiner Verlobung auf einem Hügel, den ein majestätisches Kreuz des Erlösers überragt.

Am Fuß dieses Kreuzes machte mir mein künftiger Ehemann einen Heiratsantrag.

Ich gab mein «Ja» einem Mann, der sicherlich für mich bestimmt war. Ohne es zu wissen, sagte ich «Ja» zu einem Vorhaben, das mit dem Kreuz besiegelt wurde.

Aus dieser Ehe gingen zwei wunderbare Kinder hervor … Später ist sie aber an einer gewaltigen Klippe zerschellt. Ich musste lernen, dass nichts den Plan Gottes vereiteln kann … «*Das Weizenkorn, das in die Erde fällt, muss sterben, um Frucht zu bringen.*» In meinem Innersten wandte ich mich erneut dem Kreuz zu. Beim Betrachten des Kreuzes wurde mir bewusst, dass Gott mich einige Jahre vorher auf diese Trennung vorbereitet hatte durch die Gnade einer herrlichen Begegnung mit Ihm: der Begegnung mit Seiner großen Barmherzigkeit.

Ich, die Erbarmen gefunden hat, wurde von Ihm zur Barmherzigkeit berufen. Deshalb hat Er nicht aufgehört, mich in der «Anbetung» unablässig zu Seinen Füßen zu ziehen, um mich das Bessere kosten zu lassen … ich darf hinzufügen, in der Fortsetzung der immer noch wirkenden Gnaden unseres Ehesakramentes – auch wenn sie von nun an auf einen ungeahnten Weg ausgerichtet sind: auf den Weg zu einem neuen Bund mit Ihm in Maria. Viel später wird Er mich über seine leuchtende Weisheit belehren.

In schlechten wie in guten Tagen halten die Eheleuten zusammen … Gott antwortet auf unser unermessliches Elend mit Seiner unermesslichen Barmherzigkeit. Das Problem ist, dass die beiden Ehepartner nicht unbedingt bereit sind, zur selben Zeit in den Armen des Guten Hirten Schutz zu suchen, der so gern sein schwächstes Schaf aufnehmen möchte …

Der Heilige Geist vollbringt Sein Werk der Wiederherstellung durch die Sakramente. Wenn sich Christus in uns verkörpert, schlägt Er dort für immer Seinen Wohnsitz auf: die Gewissensbisse legen sich … die Beschuldigungen treten hinter dem stärkenden, demütigen Schweigen vor Ihm zurück … die Zurückgezogenheit verwandelt sich in Selbstlosigkeit … der Glaube wird gestärkt … die Wunden verheilen in Seinem Herzen, das durch unsere Verweigerung der Liebe verwundet ist!

Zur Ehre Gottes möchte ich fortfahren. Es ist wahr, dass der Herr ein Fenster öffnet, wenn Er eine Tür schließt!

Vor fünf Jahren wehte der Geist an das Fenster meiner Seele … und brachte mir ein unbeschreibliches Licht auf Christus, der sich in der Niedrigkeit Mariens entäußerte.

Dieser unerschlossene Weg wurde mir durch eine wunderbare Fügung von einem Priester erschlossen, dessen Herz im Herzen Jesu glüht, dessen Leben, verborgen in Maria, nach Jesus duftet, Maria widerspiegelt …

So führte mich der Geist in ihm in die Schule Mariens, in die Schule der Niedrigkeit, in die Schule der Selbstentäußerung in ihr! Ich war und bleibe fasziniert wie ein Kind, das ein allzu lang verborgenes Wunder entdeckt … und brennend danach verlangt, in Sein Geheimnis einzudringen!

Ich teile euch kurz die Rolle mit, die unsere Heilige Mutter bei all denen ausübt, die sich ihr öffnen. Dies lehrte mich dieser geliebte Sohn: Ihre Rolle ist es, den Sohn in uns zu bilden, uns zu helfen, ihr «Hier bin ich» aus Liebe zum Vater fortzusetzen, in ihr Fürbittgebet mit einzustimmen und Seiner barmherzigen Liebe Ausdruck zu verleihen, die in Seinem geopferten Leib, Seinem vergossenen Blut und Seinem durchbohrten Herzen gegenwärtig wird.

Wir sind im Geist getauft. Dieser setzt Sein Werk der Heiligung fort nach dem Maß unseres Eintauchens in die Taufe auf den Tod und die

Auferstehung. Meine Taufe führt mich also auf diesen engen Weg, damit in meinem Fleisch vollendet wird, was am Leiden Christi fehlt, damit in Maria jene für die Gnade geboren werden, die Gott mir anvertraut hat: eine Familie dem Fleisch nach, zu der eine in Maria durch den Geist im Verborgenen hervorgebrachte Familie hinzukommt. Das Geheimnis meines Lebens als Getaufte gehört nicht mehr dieser Welt, sondern Gott. Wir empfangen die Liebe, wir leben die Liebe, wir verbreiten die Liebe!

Im Vertrauen auf diese von Jesus selbst gelehrte und an Seine Kirche weitergegebene Wahrheit – dass nämlich aufgrund der Sakramentalität der Ehe das Ehepaar unauflöslich miteinander verbunden ist – ahne ich, dass davon das Geheimnis der Verbundenheit herkommt, das das Ehepaar selbst nach einem Bruch verbindet. Sind sie nicht in «guten und schlechten Tagen» verbunden? Aufgrund dieser Verbundenheit versenken wir uns in das Geheimnis des Todes und der Auferstehung Christi, damit Er uns auf unseren Abwegen einholt und uns an das andere Ufer führt.

Paradoxerweise haben mich «die schlechten Tage» auf die unerwarteten Pfade einer geistigen Mutterschaft geschleudert, die sich von Loslassen zu Loslassen, von Selbstverleugnung zu Selbstverleugnung, von Vergebung zu Vergebung festigt … bis sie in Maria die Liebe verkörpert … um in ihr Christus in Seiner vollendeten Gestalt darzustellen … im Dienst des Aufbaus des Reiches Gottes!

Die Jungfrau Maria hat Freude erlebt, weil sie dem geheimnisvollen Plan Gottes ihr Herz geöffnet hat. Diese Seligkeit gilt für alle Zeiten.

O Herr, möge mein Herz vor Freude erbeben bei der Aufforderung Deiner Stimme, immer mehr auf dem Weg der Erniedrigung voranzuschreiten, auf dem Du uns in einzigartiger Weise vorausgegangen bist!

Mein ganzes Leben lang werde ich Deine heilige Barmherzigkeit verherrlichen und Dich im Allerheiligsten Sakrament des Altares anbeten!

M. R.

ZUM SCHLUSS

Wichtig ist, sich daran zu erinnern, dass Gott die Quelle der Liebe ist! Will man in der Liebe leben, muss man mit der Quelle verbunden sein.

Wenn die Liebe in einem Ehepaar schlecht zirkuliert, ist es nicht sehr ratsam, die Schuld beim anderen zu suchen. Besser ist es, seine persönliche Beziehung zur Quelle der Liebe, zu Gott selbst, zu betrachten.

Die Frage stellt sich: Gibt es in mir einige Verstopfungen, die verhindern, dass Seine Liebe in mir und durch mich hindurch frei zirkuliert?

Dieses freie Zirkulieren vollzieht sich tatsächlich, wenn man auf den eigenen Willen verzichtet und Seinen Willen durch ein «vollständiges, bedingungsloses und unwiderrufliches Ja» annimmt.

Gott ist nicht nur die Liebe, sondern auch der Allmächtige. Es ist an uns, unser Vertrauen in Ihn zu setzen und alles Ihm zu überlassen.

Schon können wir Ihn loben und Ihm danken für die Wunder, die Er an den Ehepaaren vollbringt, die sich Ihm überlassen.

Auf die Fürsprache unserer Mama Maria bitten wir JESUS um eine ganz besondere Gnade für die Personen oder Ehepaare, die dieses Heft gelesen, darüber meditiert und es als Gebetshilfe genommen haben.

Léandre Lachance

INHALTSVERZEICHNIS